Errata:

p. 129: De cette manière, la realité est un palimpseste que, parfois à cause d'une paresse ou *d'une* lacheté, d'autres fois *par commodité ou par* maladresse, nous n'avons lu que de manière superficielle, de sorte que nous nous sommes contentés des signes les plus *evidents* ou des énoncés *faillibles* des sens, *qui d'ailleurs ne sont pas toujours faillibles.*

p. 129: la promesse sera toujours composée autour d'un *donner* fondamental plus un aspect *qui porte sur le futur.*

QU'EST-CE QU'UNE PROMESSE ?

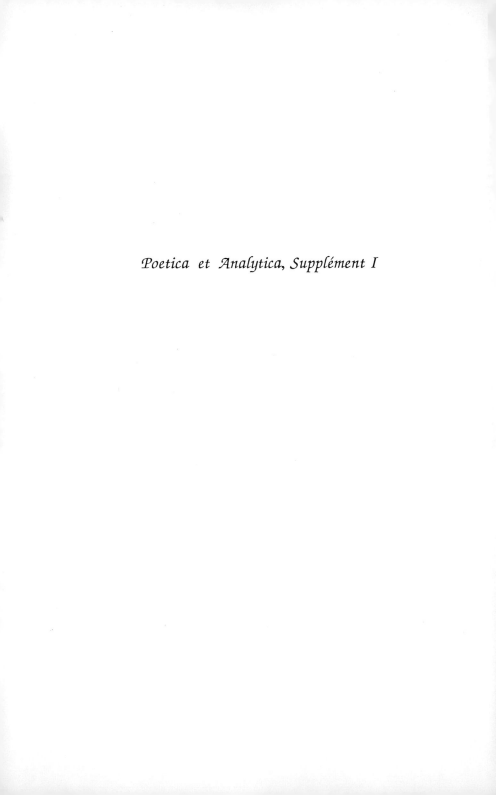

Poetica et Analytica, Supplément I

QU'EST-CE QU'UNE PROMESSE ?

Textes de Per Aage BRANDT, Pierre CHARTIER, Anne Marie DINESEN
Régine DHOQUOIS, Béatrice FRAENKEL, Carsten JUHL,
Maryse LAFFITTE, Kasper Nefer OLSEN,
Annie PRASSOLOFF

présentés et réunis par
Per Aage BRANDT et Annie PRASSOLOFF

Colloque du Centre d'étude de l'écriture
et du Seminar i almen semiotik
tenu à l'Université Paris VII les 11 et 12 mai 1990

Publié avec le concours de l'Université d'Aarhus
et du Conseil scientifique de Paris VII

AARHUS UNIVERSITY PRESS

AARHUS UNIVERSITY PRESS
Université d'Aarhus
DK-8000 Aarhus C, Danemark

QU'EST-CE QU'UNE PROMESSE ?

III. Textes, systèmes

IV. Anthologie

PRÉSENTATION

« Qu'est-ce qu'une promesse ? » — La question a été posée dans le cadre de l'étude des actes langagiers, il y a à peu près trente ans maintenant. Elle nous paraît toujours une bonne question, voire une belle question, de par la richesse des interrogations qu'elle fait surgir dans nos recherches philosophiques, ethnologiques, juridiques, littéraires ou sémiotiques. Est-ce un « acte langagier », voire l'acte langagier par excellence, ou s'agit-il d'une figure interactionnelle plus générale articulant la subjectivité à la temporalité ? Qu'en est-il de l'éthique et de l'esthétique de la promesse, du « sérieux » et du « ludique », ou du « réel » et du « fictionnel » dans le sens ou le non-sens que prend une promesse ?

En réunissant à l'université de Paris 7 les 11 et 12 mai 1990 des représentants de ces diverses disciplines, danois et français, nous avions l'ambition, sinon de répondre à la question, au moins d'en repérer les figures principielles, et de la multiplier en une constellation de questions, elles aussi les plus belles possible, concernant les formes de la promesse, ses niveaux, son contexte logique, la famille d'actes où elle s'inscrit.

Un certain nombre de propositions ont déjà été faites à ce sujet. En philosophie, J.L. Austin a, comme on le sait, lancé l'analyse dans cette voie avec ses conférences William James *de 1955, faites à l'université de Harvard, et devenues* How to do things with words[1] ; *J.R. Searle a porté ce flambeau*

---

1. J.L. Austin, *How to do Things with Words,* Oxford, 1962.

plus loin avec son Speech Acts *de 1970*[2] *; et presque en même temps, ces idées ont été discutées au cours d'un colloque de Royaumont en 1958, dont les actes ont été publiés plus tard sous le titre de* La philosophie analytique[3]. *Émile Benveniste commente ses réponses en 1966 dans les* Problèmes de linguistique générale, *qui reprennent sa première mise au point de 1958 sur «La subjectivité dans le langage»*[4]. *Il y parlait de ces phrases dont le verbe énonce l'acte dans lequel la phrase participe comme composante nécessaire, en prenant notamment l'exemple de «jurer» : «je jure que»... Ce verbe, énoncé à la première personne du singulier, dans des conditions appropriées, se charge d'un sémantisme* sui-référentiel, *alors que le sémantisme «normal» d'un verbe relève d'une référence au discours descriptif, narratif ou argumentatif. En d'autres termes, les philosophes et les linguistes prêts à s'interroger sur le phénomène du faire langagier avaient découvert que, dans ce cas, l'«état des choses» par rapport auquel la phrase signifie* comprend la phrase elle-même.

Il n'y a plus alors de séparation entre la description externe des conditions de vérité de la phrase et celle, interne, de son sens. Comme si sens et référence coïncidaient. Ce qui dérange fortement le point de vue saussurien. Rappelons qu'il faut pour cela, à part les conditions morphologiques (première personne, présent), que certaines conditions de type pragmatique soient satisfaites : la personne (grammaticale) sujet de l'énonciation doit renvoyer à une personne sociale douée d'un certain statut préétabli, qui légitime cet emploi dit performatif *de la phrase énoncée. On parle de ses «conditions de réussite» (en anglais,* felicity conditions), *en remplaçant la validation vériconditionnelle par une*

---

2. J.R. Searle, *Speech Acts. An Essay in the Philosophy of Language,* Cambridge, 1970.

3. *La philosophie analytique,* Cahiers de Royaumont, Philosophie, n° IV, Paris, Éditions de Minuit, 1962.

4. Chapitres XXI, XXII et XXIII des *Problèmes de linguistique générale,* Gallimard, NRF, 1966, p. 258-285.

validation morale, pour ainsi dire, qui peut bien surprendre et le logicien et le linguiste. Car alors, on ne sépare plus la phrase et le sujet réel qui l'énonce.

Ces phénomènes «performatifs» (Austin) ou «illocutoires» (Searle) ne peuvent donc que mettre en doute l'idée même de référence: le mur entre signifié et référent tombe avec le mur entre phrase et sujet, et on s'approche, semble-t-il, d'une philosophie ou d'une analyse néo-nominaliste, d'un nominalisme actif, ou peut-être d'un réalisme presque magique, ébranlant le nominalisme conventionnel (selon lequel le sens n'est que l'usage, et les phrases ne sont que des signaux plus ou moins «utiles») et reconnaissant dans le langage une force créatrice du monde, ou, du moins, d'un état local caractérisant le monde intersubjectif. Mais à la différence des anciens débats qui ont opposé réalisme et nominalisme en philosophie, il s'agit ici d'un débat motivé par la découverte d'un ensemble de phénomènes empiriques, circonscrits, qui constituent un véritable défi s'adressant à quiconque voudrait comprendre techniquement, scientifiquement, comment l'interaction détermine le style sémantique de la phrase, sa «philosophie spontanée» en acte... Est-il possible en effet de dire que, «quelquefois», le langage n'est que métaphore, métonymie, fiction, jeu rhétorique, renvoi illimité de signifiant en signifiant, immanence du texte et de l'écriture, alors que, «quelquefois» encore, il prend brusquement un sens littéral, direct, primaire, engageant l'énonciateur historiquement, pouvant même affecter sa responsabilité, justifier sa culpabilité, amener sa mort? Mais que, dans ce dernier cas, la lettre du sens littéral qui va être celui de la phrase s'écrit avec un autre type d'encre?

C'est pour avoir mal déchiffré cette encre que Macbeth court au naufrage, parce qu'il a pris une prédiction pour une promesse, et un début de réalisation, une coïncidence (son titre de Sire de Cawdor), pour un gage.

Nous avons voulu éviter de continuer une certaine polémique[5] *sur ce point, puisque les deux tenants des positions radicalement opposées ont incontestablement raison – quelquefois... –, et nous avons préféré essayer d'apporter, par des réflexions théoriques ou analytiques, des éléments plus proches de nos occupations et permettant de transposer le débat ou poser la question de la promesse dans les domaines où nous l'avons rencontrée à l'œuvre; où nous l'avons vue* doing things. *Et pas seulement avec des mots.*

Paradoxe de la promesse. Elle exalte un pacte de continuité entre le langage et les actes dont son existence même signale la fragilité. Car si tout énoncé engageant le sujet pour l'avenir était en lui-même fiable, on n'aurait pas besoin de ce supplément *de garantie attaché à une grammaire et un lexique (Kasper N. Olsen), soutenu par un gage (Carsten Juhl), redoublé par une gestuelle (main sur le cœur, etc.), surveillé par des institutions judiciaires (Régine Dhoquois), ni de ce second* supplément *que sont les prescriptions d'écriture ou de mise en page (Béatrice Fraenkel). Sans ce paradoxe fondamental, on comprendrait mal qu'elle continue à fleurir d'une sève toujours renouvelée dans le domaine politique d'où la déception quasi permanente aurait dû la proscrire, si elle n'y avait pas pour gage l'*envie de croire au langage *que George Bush faisait jouer dans le mot d'ordre de sa dernière campagne électorale :* « Read it on my lips : no new taxes ! »

P. Aa. B., A. P.

---

5. J. Derrida, *Limited Inc.*, Galilée, Paris, 1988.

LES « LOIS » DE LA PROMESSE

Promised you a miracle
Simple Minds.

1. Deux phénomènes critiques : décalage temporel et en-gagement du sujet

Pour une certaine position philosophique – peut-être plus en vogue hier qu'aujourd'hui – c'est surtout la *présence* qui fait problème dans les actes du langage: alors qu'il va de soi que la présence est absente quand un auteur d'autobiographie – tel que Rousseau – « raconte sa vie », il a fallu un argument particulier pour montrer que même dans le *speech act* le locuteur n'y est pas vraiment (Derrida, *Limited Inc*). En effet, un acte du langage – soit : une promesse – semble bien être parfaitement circonscrit par le *hic et nunc* de l'énonciation ; nous allons voir, cependant, qu'il n'en est rien. Bien en deçà de toute aventure « déconstructive », on va montrer ici, sobrement, que l'aliénation du sujet-énonciateur – et même une hypothèse de nature métaphysique fort risquée de sa part – fait partie de la *ratio* de toute promesse, et que cela n'empêche pas d'exister...

Premièrement, il est évident que si un acte de langage tel que la promesse se fait effectivement dans le *hic et nunc* de l'énonciation, l'action qui en est l'objet se trouve néanmoins temporellement différée, et cela par pure nécessité logique. Si l'action promise s'effectue immédiatement, pas de promesse au sens courant. Dans ce décalage temporel entre DIRE et FAIRE s'inscrit dans plusieurs langues un vocable désignant la responsabilité du sujet vis-à-vis de la promesse faite : en français, il faut « tenir » la promesse ; en anglais, il faut *keep the promise*, ce qui signifie plutôt « garder ». Cela nous amène à poser la question suivante :

S'il faut, en effet, « garder » la promesse, de quoi alors faut-il, plus précisément, la garder ?

Deuxièmement, le fait même que la promesse oblige montre bien que le sujet de la promesse n'est pas tout à fait, malgré sa parole souveraine, le maître de la situation. Peut-être l'étymologie germanique de la promesse signale-t-elle ce fait (à la différence de l'étymologie romaine qui évidemment vise à la différence temporelle du pro-mettre) – ainsi, le *Versprechen* allemand fait apparaître un « dire-trop » en quelque sorte : *Versprechen* signifie ou bien la promesse, ou bien ce « dire-trop » qu'est la bévue, le dit non-voulu là où plutôt on aurait dû se taire. Nous voilà à poser notre deuxième question :

Si promettre est bien, en quelque sorte, « trop dire », en quoi consiste, plus précisément, ce « trop » ?

En fait, nous avons déjà apporté une première réponse à cette question, en remarquant que même si le sujet est (supposé, au moins) maître de sa propre parole, du *logos* de la promesse, il ne l'est pas pour autant en ce qui concerne le monde physique, dans lequel la promesse serait « tenue ». On pourrait donc parler d'une *surenchère de la promesse*, implicite dans la présupposition tacite que le monde physique ne changerait pas de telle façon à rendre impossible le FAIRE promis. Ou bien, d'une manière générale :

L'acte du langage – dans la mesure où il concerne le non-présent (autre temps, autre lieu) – opère une mise en suspens du monde physique.

Quelle est la nature de cette mise-en-suspens du monde physique ? Dans quelle mesure affecte-t-elle la validité de l'acte, dans quelle mesure lui impose-t-elle des limites ? On verra. Mais qu'elle ne soit pas tout à fait anodine, semble bien évident. Ainsi, pour les musulmans, la promesse ne se fait pas tout court sans blasphème ; tu ne diras pas « On se reverra demain... » sans ajouter : « Si *Allah* le permet ! » Car, justement, aucun être humain ne saurait assurer la stabilité du monde physique, même pour un temps infime. Pas de promesse humaine, donc, « sans permission divine ». Même dans la philosophie pragmatique d'aujourd'hui – qui a si bien établi la « primauté » du Langage sur la Réalité – la dépendance des « jeux du langage » d'un monde physique stable fait parfois symptôme : ainsi, pour Wittgenstein, le comble serait vraiment la situation où des choses matérielles seraient capables de disparaître et reparaître brusquement[1]. Car, dans ce cas, le langage se trouverait irrévocablement réduit au silence – ce qui montre bien que, là aussi, le langage ne fonctionne que par la grâce divine.

2. La voie de l'interrogation

Pour guider nos recherches, je voudrais vous rappeler une analyse classique des composants intra- aussi bien que extra-linguistiques de tout acte langagier, à savoir le modèle jakobsonien de la communication. Sans reprendre l'exposé bien connu, je voudrais seulement attirer votre attention sur le fait que les six « codes » de Jakobson correspondent bien à six espèces de *conditions* ou présupposés de l'acte langagier (ainsi, par exemple, le code *dit* expressif correspond à

---

1. Ludwig Wittgenstein, *Philosophische Untersuchungen*, § 80.

l'existence présupposée d'un sujet-énonciateur doté des compétences adéquates, etc.). Ces six espèces de conditions pourraient, ensuite, se sous-diviser : d'un côté par la catégorie *logos/physis*, distinguant les conditions intra- et extra-linguistiques ; de l'autre côté par la catégorie temporelle présent/futur – où justement intervient ce décalage dont nous avons déjà parlé, lui-même condition méta-logique et métaphysique de la promesse, la rendant à la fois possible et pénible.

Soit, donc, le modèle de Jakobson – avec un petit ajout de nature plutôt « transcendantale » :

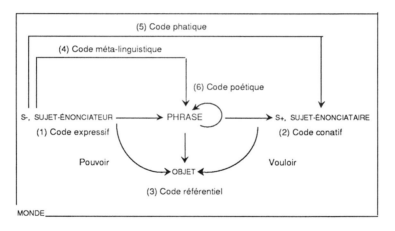

La présupposition d'un Monde encadrant, pour ainsi dire, tous les composants de l'acte langagier, apporte ici notre modeste contribution philosophique au modèle de Jakobson. Pour le moment, on laisse ouverte la question si cette condition entraîne l'existence d'un « code transcendantal » dans tout énoncé...

Je vous ai promis de ne pas vous « phatiquer » par une répétition laborieuse des éléments de ce modèle ; allons donc directement à l'interrogation de notre sujet plus spécifique : à la promesse !

3.1. Dimension expressive :
conditions de la part du sujet-énonciateur (S-)

Ici, on trouve des conditions relevant également du *logos* et de la *physis* du présent et du futur.

1) *Condition logique*: le sujet-énonciateur S- doit, selon les théories classiques de l'acte langagier (Austin, Searle [2]) être « sincère » : il doit avoir, effectivement, *l'intention* de réaliser O, objet de la promesse. Ceci est une condition relevant de l'éthique : S- doit être sincère ; et, inversement, le sujet-énonciataire S+ *doit* supposer S- sincère – pourvu qu'il n'ait pas de très fortes raisons de penser autrement.

2) *Condition logico-physique* : S- doit (au sens non éthique) être physiologiquement capable de faire signe. Chose apparemment triviale : si S- est, disons, sourd-muet, il doit disposer d'autres moyens d'expression, etc. Or, du point de vue phénoménologique, cette condition est bien plus profonde : elle revient effectivement à dire que S- doit être doté d'un *corps,* physiquement présent de manière ou d'autre (visible, audible, etc.). Ça peut se faire par téléphone, bien entendu ; mais il y a une certaine limite inférieure qui ne saurait être franchie. Pour prendre un exemple historique : toutes les péripéties du rapport entre Dieu et le Peuple élu relèvent, dans un certain sens, du fait que Dieu est invisible et par là même incapable de faire une promesse intelligible pour l'homme. « Donne-nous un signe ! » – chant des infidèles !

3) *Condition physique* : S- doit avoir un *pouvoir* minimal sur O, objet de la promesse ; sinon, la promesse ne peut

---

2. John R. Searle, *Speech Acts* (1969), chap. 3 : « The Structure of Illocutionary Acts » (analyse de la promesse).

être « sérieuse et littérale » (Searle), mais seulement, au mieux, poétique (cf. *infra*). Cette condition est purement physique ; elle implique, par exemple, que S- doit (au sens toujours non éthique) être vivant et – plus sérieusement – doit rester vivant jusqu'à accomplissement de la promesse. Voilà un cas capital de la surenchère de la promesse : littéralement nul être humain – parce que mortel – ne peut pro-mettre de rester vivant jusqu'à un *dead-line* quelconque. C'est bien pour cela que nous avons introduit, dans notre jurisprudence humaine, le concept de *force majeure* : la mort subite donne – si l'on peut dire – « absolution » des promesses faites de manière toujours, et pour des raisons primordiales, précipitée. Bien entendu, on ne considère pas cet aspect dans la promesse quotidienne : là, ou bien le pouvoir prétendu du S- est tacitement accepté par S+, ou bien il se produit une ré-affirmation méta-linguistique de la promesse de la manière suivante :

S- : Je te promets de te rendre heureuse !
S+ : Ah bon ?
S- : Oui, oui ! J'en suis bien capable, car... etc.

Considération supplémentaire, un peu risquée : le fait d'être une femme peut-il être considéré comme un cas de *force majeure* absolvant ? Question bizarre, que je ne poserais certainement pas s'il n'existait des exemples dans la littérature. Ainsi, dans le *Wilhelm Meisters Lehrjahre* de Goethe, le héros trouve peu supportable la conduite de la jeune Philine qui se moque bien des promesses faites hier. Son ami Laërtes lui répond :

> Je ne trouve point d'inconséquence là où quelqu'un reste fidèle à son propre caractère. Quand elle se propose quelque chose ou si elle promet quelque chose à quelqu'un, cela se fait sous la présupposition tacite qu'elle trouverait effectivement plaisir aussi bien à réaliser le propos ou à tenir la promesse. Elle donne avec plaisir, mais il faut toujours être prêt à lui redonner ce qu'elle a donné.

– C'est un drôle de caractère, répondit William.[3]

Par prudence nous laisserons cette question ouverte.

Vous avez observé, sans doute, que le futur ne joue aucun rôle en ce qui concerne le *logos* : là, effectivement, les conditions ne portent que sur le *hic et nunc*. Au contraire, pour le physique, la dimension de l'avenir devient capitale, et c'est là, justement, qu'elle va troubler ! Nous retrouverons cet état de choses dans ce qui suit : c'est notamment – ou bien exclusivement – les présupposés physiques qui font intervenir le décalage temporel, constitutif de la promesse.

3.2. Dimension conative : conditions de la part du sujet-énonciataire (S+)

A plusieurs égards, ce cas est parfaitement symétrique à celui que nous avons déjà examiné.

1) *Condition logique* : S+ doit être supposé avoir un intérêt dans l'objet O. A vrai dire, cela n'est qu'encore une obligation pour S- : c'est lui qui doit supposer – et bien de manière toujours sincère – qu'un tel intérêt de la part de S+ existe. Or, on devrait s'attendre, au moins, à ce que, s'il n'existe pas, S+ à son tour le signale avant que S- ne s'engage dans des projets inutiles. De toute façon, cette présupposition, étant purement logique et linguistique, a une implication sans doute très importante : à savoir la possibilité de *simuler* un intérêt de la part de S+. Là, c'est toute la question du « transfert », du rapport affectif entre les locuteurs : S+ peut bien avoir un intérêt non pas dans l'objet, mais dans la promesse en tant que telle – voire dans le prometteur en tant que tel ! Nous nous estimerons

3. J.W. Goethe, *Werke in zwei Bänden*, Munich/Zurich, 1957, t. II, p. 158.

philosophiquement contents d'avoir établi la possibilité en principe.

2) *Condition logico-physique* : on serait tenté de dire que tout comme S- doit être à même de produire des signes, S+ doit être capable d'en recevoir. Toutefois, il existe peut-être une exception importante qu'on va considérer tout à l'heure.

3) *Condition physique* : correspondant à l'intérêt logiquement supposé de S+ – mais ne s'identifiant nullement à lui ! – il doit y avoir un *vouloir* de S+ portant sur l'objet O. Ou plutôt (considérant ce que nous venons de dire de l'intérêt simulé), il doit y avoir un *pouvoir-vouloir*. Sinon la promesse ne peut se réaliser, et l'acte même de promettre serait impossible. Par exemple, je ne peux promettre à un aveugle de lui montrer ma collection exceptionnelle de peintures.

Une conséquence de cette condition physique de la part de S+ est que là aussi la mort peut « absoudre » d'une promesse. Évidemment, il existe des choses « promettables » qu'il serait insensé de vouloir rendre à un promettaire mort. Pour prendre un autre exemple limite de la littérature : dans le *Dead Zone* de Stephen King, le fiancé d'une jeune femme subit un grave accident de voiture et reste dans le coma durant cinq ans. Quand il revient au monde, elle s'est mariée à un autre. Évidemment, bien qu'elle songe « aux promesses faites et jamais tenues »[4], personne ne lui reprocherait rien : le destinataire étant pratiquement mort pendant cinq années, elle peut être considérée comme libérée de sa promesse.

Cependant, il existe – nous l'avons déjà signalé – une importante exception : il semble bien que, dans certains cas, il soit bien possible non seulement de tenir une promesse faite à un promettaire mort par la suite, mais encore de *faire* une promesse à un promettaire déjà mort. C'est le cas quand, par exemple, le fils auprès de son père mort lui promet de le

4. Stephen King, *The Dead Zone*, New York, 1979, p. 176.

venger, de poursuivre ses affaires dans l'esprit paternel, de prendre bien soin de la mère, etc. Seulement, cette espèce exceptionnelle de promesse est soumise à des contraintes temporelles assez strictes : il faut l'énoncer au moment même de la mort (ou au moment de sa reconnaissance) ; sinon, il est « trop tard » et la promesse devient non valable – et même ridicule – par ce retardement même. Il est encore temps, semble-t-il, pour faire des promesses à quelqu'un *in statu moriendi*, mais non plus à quelqu'un de mort dans l'aspect, disons, perfectif.

De ce point de vue, le testament, le *last will*, apparaît comme une espèce curieuse de « promesse *induite* ». En fait, le testament peut contenir des demandes à la progéniture que celle-ci peut difficilement ne pas admettre comme des promesses faites au disparu. Toutefois, c'est un cas limite, et, en général, si la promesse oblige certainement S- à rester vivant jusqu'à l'accomplissement, il en va de même pour S+.

3.3. *Dimension référentielle :*
conditions de la part de l'objet

L'objet n'intervenant pas dans l'énonciation de la promesse, mais seulement dans son accomplissement, son cas est beaucoup plus simple. En effet, il suffit :

1) que l'objet soit énonçable de manière ou d'autre (condition logique) ;

2) que l'objet puisse exister, c'est-à-dire que son existence ne soit pas en conflit avec les lois de la physique, etc. évidemment, l'objet ne doit pas nécessairement être déjà produit lors de l'énonciation de la promesse ; il suffit qu'il soit possible.

Ainsi, pour la dimension référentielle, ce n'est pas l'objet en tant que tel qui fait problème, c'est plutôt l'ensemble des conditions de l'objet, assurant sa possibilité pour demain, c'est-à-dire le Monde. C'est là que réside, avant tout, la surenchère de toute promesse : dans la présupposition tacite, mais logiquement, transcendantalement, nécessaire, que le Monde en tant que tel reste en principe stable, inaltéré, identique à soi, de façon à ne pas en empêcher l'accomplissement.

3.4. Dimension méta-linguistique

Nous avons déjà fait remarquer que les composants strictement linguistiques de l'acte langagier n'interviennent que dans le *hic et nunc* : il n'y a pas, en général, d'*addenda* à ajouter plus tard. La promesse doit donc se prononcer de manière complète, *stante pede*.

Il n'y a donc qu'un seul cas où la fonction méta-linguistique peut jouer un rôle dans la promesse : à savoir la situation où un énoncé apparaît comme une promesse non complète, non définitive ou non univoque. Pour mince que cette question puisse paraître, elle a néanmoins été traitée par les penseurs de l'acte langagier[5]. Cependant, le cas est très simple : si j'énonce bien une promesse dans la forme :

« Je te promets que... »

cet énoncé est acte et méta-acte à la fois : je promets et je *dis* que je promets. En revanche, si ma promesse a une forme plutôt indicative, des précisions sur son statut comme acte langagier peuvent être demandées :

« On se reverra demain.
– Tu promets ?
– Mais oui. »

5. Searle, *op. cit.*, p. 68.

3.5. Dimension (em)phatique

On vient d'observer que pour les éléments de *logos* constitutifs de l'acte langagier, c'est seulement le présent qui compte. Cela n'empêche pas, cependant, que les composants *physis* puissent jouer un rôle important – et même décisif – dans ce *hic et nunc*.

En effet, on connaît tout un petit inventaire des instruments à fonction phatique – ou plutôt emphatique – qui semblent quasiment indispensables pour certains actes *dits* du langage : tel le marteau du juge, la clochette du maître de conférences, etc. Selon les lignes de notre analyse ci-dessus, il s'agit là sans doute des petits dispositifs pour donner au *hic et nunc* (assez fugitif en soi, on le sait) une réalité physique, pour faire du *nunc* insaisissible un véritable main-tenant.

En ce qui concerne la promesse, sa nature quotidienne interdit une telle dépendance des moyens physiques : pas de clochette, pas d'orchestration, pas de démonstrations de pouvoir sur l'autre. La main vide, tendue, au plus, comme signe des bonnes intentions. Or, comme on a vu que le corps de l'énonciateur est effectivement, en tant que tel, un présupposé physique indispensable de l'acte langagier, on ne s'étonnera pas de constater un certain nombre de gestes emphatiques visant justement au corps de l'énonciateur – et ce qui est plus : le corps en tant que corps *mortel*. Ainsi, je peux mettre la main droite sur mon cœur, ce qui signifie : « Ma promesse sera accomplie ; sinon, ce cœur ne battra plus. » C'est évidemment la notion de *force majeure* que l'on retrouve ici : si la promesse n'est pas tenue, c'est que ce cœur aura cessé de battre. Voilà, au moins, l'interprétation paisible. Interprétation plus martiale : si la promesse n'est pas tenue, on aura le droit de me tuer ! Il faut toujours (même si un certain ton violent n'est jamais absolument étranger aux actes du langage) se méfier des analyses qui font valoir des états archaïques, supposées moins « civilisées » de la culture ; mais il est certain que cet enjeu de la mort a pu servir comme signe emphatique de la sincérité. En danois, on peut encore souligner la sincérité d'une promesse en prononçant le mot *Ama'r*, accompagné d'un geste significatif du doigt en travers du cou. *Amager*, près de Copenhague, fut, en effet, le lieu d'exécution d'autrefois.

Telle est donc la logique extraordinaire de la promesse : à vrai dire, comme le prometteur est – de manière «transcendantalement» indispensable – un être corporel, donc mortel, l'accomplissement de la promesse reste toujours incertaine, malgré les intentions les plus sincères. Pour compenser, on renvoie emphatiquement à ce même corps qui rend la promesse pénible; on donne en gage toute sa pauvre existence finie. Le moins que l'on puisse dire, c'est que c'est humain.

3.6. Dimension poétique

La dimension poétique, selon Jakobson, concerne le langage en tant que tel. C'est elle qui fait la différence entre : «Il pleure dans mon cœur / comme il pleut dans la ville» et «J'ai bien du spleen ce matin». Probablement, les penseurs pragmatiques de l'acte langagier s'attendraient à ce qu'une promesse «bien formée» soit aussi exacte que possible quant à la référence à l'objet. Or, cela est bien loin d'être le cas. Que l'objet en question doive, en un certain sens, être physiquement possible (ou du moins pensable) n'empêche nullement que les gens se proposent de promettre les choses les moins vraisemblables. Ainsi, la promesse de rendre une femme heureuse garde toujours quelque chose de douteux qu'aucune explication méta-linguistique ne peut éliminer; néanmoins, il se peut très bien qu'elle soit acceptée. Et pourquoi pas? On vient de voir que toute promesse est un «dire-trop», un impossible du point de vue «objectif»; autant vaudrait promettre des miracles! Car, en un certain sens, on ne peut promettre que des miracles :

Promised you a miracle...

Que penseraient les philosophes, de cette dissolution brusque de toute rationalité référentielle dans la promesse ? On ferait peut-être valoir la considération suivante : il est vrai que dans la promesse (en tant qu'acte de langage, justement) on peut dire, donc promettre, « tout ». Or dans le cas où l'objet de la promesse est visiblement impossible (et là, d'ailleurs, on est évidemment bien au-delà de l'insincérité banale et trompeuse, pour y retrouver une espèce de « foi » bien plus élevée, peut-être même sublime), la promesse devient *son propre objet*. « Je te promets / et c'est tout. » Ainsi, les lois de la physique ne sont que verbalement violées ; en revanche, la parole elle-même est devenue un objet quasiment « physique », soumis à toute la fragilité propre aux faits de l'homme. La promesse se réduit donc tout entière au *hic et nunc*, ce qui entraînera la nécessité de la répéter éternellement. Définition, disons, de la foi, de l'espoir et de l'amour.

4. Pas de conclusion :
méta-conditions de la promesse

Pour conclure, il vaut mieux souligner que nous n'avons pas tout dit. Pas du tout. En effet, toutes les « conditions » de la promesse que nous avons proposées comme des présupposés rendant possible cet acte du langage singulier présupposent, à leur tour, des stabilités encore plus profondes, plus transcendantales que nous aurions peut-être du mal à expliquer. Nous sommes passés légèrement sur le concept du « Monde » ; mais qu'est-ce que c'est, enfin qu'un Monde ? Si c'est bien la condition transcendantale de tout phénomène, l'argument risque évidemment de devenir quelque peu tautologique. Cependant, on va risquer de formuler les conditions ultimes de la promesse, à savoir :

1) Méta-condition physique. Que le monde, en tant que tel, reste, sinon identique, du moins identifiable.

Si, par exemple, un désastre nucléaire détruisait tout l'environnement humain connu, il abolirait par là même toute promesse – même pour les survivants qui auraient à faire des nouvelles promesses, en construisant, justement, un nouveau Monde du *logos* aussi bien que de la *physis*.

2) Méta-condition logique. Que le sens même du « promettre » (en tant qu'acte signifiant) reste sinon identique, du moins identifiable. Cela est peut-être aller un peu trop loin : on sait que les sens des signes se transforment historiquement, mais cela se passe évidemment à une échelle plus large que la durée d'une vie humaine. Sans doute, un tel changement du sens ne libérera jamais un homme de sa promesse ! Or, pour rester dans la *science fiction* : à supposer que l'être humain continue de prolonger la durée de sa vie, à supposer qu'un beau jour il atteigne peut-être même l'immortalité, qu'en sera-t-il alors pour la promesse ? Les promesses « à longue tenue », ne risqueront-elles pas de devenir logiquement problématiques ? Si tel est effectivement le cas, nous voilà arrivés encore une fois à la conclusion que tout ce qui, à première vue, rend la promesse pénible (la mort, etc) en constitue en fait la condition ultime. Car, promettre, c'est peut-être l'acte humain par excellence.

KASPER NEFER OLSEN
Université d'Aarhus

POUR UNE SÉMIOTIQUE DE LA PROMESSE
QUELQUES RÉFLEXIONS THÉORIQUES

QU'EST-CE QU'UNE PROMESSE?

Cette question, le *qu'est-ce que* de la connaissance pratique
et normative (qu'est-ce qu'une «vraie» promesse?), reste
intéressante en sciences humaines malgré son absurdité
formelle. Elle est formellement absurde parce que l'on ne la
comprend que si on y a déjà répondu. Elle reste intéressante,
précisément en sciences humaines, parce que dans ce champ
ontologique, dans la réalité du sens, le *comprendre* pratique
et normatif, qui contrôle l'usage des termes et la classifi-
cation des actes et des faits humains, constitue l'empirie d'un
savoir et d'une analytique relevant d'un autre *comprendre*,
celui-là se référant à des concepts construits et à des schémas
interprétatifs contrôlés par un discours scientifique. La question porte ainsi sur du déjà compris au premier sens et
demande une transcription en termes du compris au
deuxième sens. Il s'agit de comprendre ce que nous comprenons quand nous comprenons quelque chose comme étant
une promesse.

1. Une analyse préalable du sens : les cinq interprétants

L'analyse qui suit est assez compacte ; il s'agit seulement de proposer un cadre qui nous permettra de distribuer les domaines dont il va être question dans notre traitement des phénomènes concernant la *promesse*. Cinq domaines sont établis : une rhétorique, une sémantique, une linguistique, une symbolique et une pragmatique. Ces domaines se superposent en vertu des interprétations auxquelles on soumet l'unité de base, la *phrase*.

Si nous nous limitons en effet au sens véhiculé par ce que nous appelons une phrase, nous pouvons appliquer le principe sémiotique élémentaire du *aliquid stat pro aliquo*, et dire qu'une phrase a lieu quand elle se substitue à une pensée (au sens le plus large possible). La phrase *stat pro* une pensée, s'il y a une instance d'interprétation, un interprétant, qui la prend ainsi, comme expression ou extériorisation d'une pensée – c'est-à-dire si l'interprétant pose un contenu qui serait commun à la pensée et à « sa » phrase – un sens global, propositionnel, qui reproduit suffisamment (dans la mesure du possible) le sens pensé qui la motive – et qui n'est pas nécessairement propositionnel. Si tel est le cas, l'interprétant justifie pour ainsi dire la phrase en renvoyant à ce contenu comme à un *référent*. On peut dire que ce premier interprétant stabilise le rapport phrase-pensée comme rapport *rhétorique*. le premier interprétant est donc rhétorique.

Le renvoi de la phrase à ce référent s'appelle la *référence* ; au premier rapport, de substitution, se superpose donc un rapport référentiel, qui « exprime » la pensée à travers un savoir disponible et « phrasable », une organisation discursive (toute référence est discursive). La phrase est une entité composée syntaxiquement, et sa syntaxe permet de justifier la référence en l'interprétant selon cette composition qui articule des syntagmes discursivement identifiables, responsables de son sens global. Une telle interprétation est *sémantique* et motive la référence en renvoyant à un *signifié* phrastique. Le deuxième interprétant est donc sémantique. (Toute sémantique est discursive.)

Maintenant, le rapport de la phrase à son signifié, que nous pouvons appeler sa *dénotation*, est évidemment justifiable *linguistiquement*, dans la mesure où une interprétation de ses éléments *signifiants* – ses mots et ses morphèmes – permet de décoder le signifié phrastique en renvoyant à une grammaire de ces signifiants. Le rapport de la phrase à ses signifiants lexicaux et morphologiques peut être appelé sa *connotation*. Le troisième interprétant est donc connotatif et linguistique ; il motive la dénotation par un code de signifiants.

Mais le rapport – connotatif – de la phrase à ses signifiants est à stabiliser par une justification du code mis en cause. Si tel code semble rendre grammaticalement signifiante une phrase en accord avec sa sémantique et sa rhétorique, c'est qu'une *énonciation* emploie justement ce code. Un certain mode de symbolisation le rend pertinent et l'inscrit dans un *échange entre des sujets* d'énonciation. Il y a ainsi un quatrième interprétant, qui justifie la connotation en renvoyant à un type d'énonciation, qui est aussi un type de sens, un sens méta-grammatical mettant en cause les « personnes » symbolisées par les pronoms *je, tu*, par exemple, et les présentant comme des sujets de parole et de locution.

La phrase est ainsi rapportée à un interprétant énonciatif, qui en établit la fonction symbolique (de symbolisation). Mais ce rapport de *locution*, se superposant à la connotation, est lui-même – et c'est notre dernière instance considérée – à inscrire dans une interprétation *situationnelle* définissant une *pragmatique* stabilisant la symbolisation en question. Les sujets d'énonciation ne sont pas des êtres de parole coupés de tout contact avec l'ensemble sémiotique de la subjectivité, mais sont interprétés à leur tour par rapport à une *inter-action*, un type de pratique intersubjective. Le cinquième et dernier interprétant rend compte de ce principe de sens situationnel englobant l'énonciation.

Résumons ce tour de force systématique en un schéma aussi simple que possible.

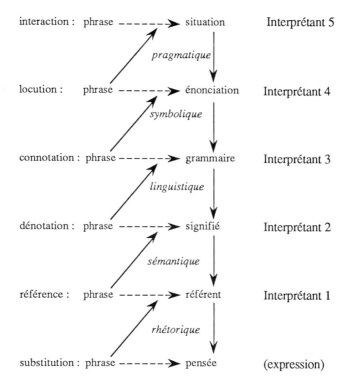

La série des interprétants rend compte des registres intentionnels qui sont à l'œuvre, chaque fois qu'une phrase se produit. A la base, l'intentionnalité est cognitive; au sommet, elle est pragmatique. Elle passe graduellement du cognitif au pragmatique à travers les « degrés » interprétatifs.

On peut considérer cette analyse stratifiée comme un déploiement de la *sémiosis* de la phrase. La stratification semble séparer de manière maximale le sens cognitif, contenu de l'intentionnalité comme « vouloir voir ou saisir », qui peut être un « vouloir faire » (c'est-à-dire : vouloir saisir ce que l'on veut faire), du sens pragmatique, contenu de l'intentionnalité comme « vouloir dire, communiquer ». Ces deux registres intentionnels – l'« attention » *versus* l'« intention » – sont en effet séparés par l'intercalation de trois registres plus directement « langagiers », où il s'agit plutôt d'assumer que de vouloir activement assumer une référence discursive, une dénotation lexicale et morphologique, une connotation énonciative. Le sujet intentionnel « subit » le discursif référentiel, le lexical et le morphologique, la condition énonciative, au moment de diriger activement sa pensée et sa parole vers quelque chose et quelqu'un – il « est parlé par le langage », comme le disait plus dramatiquement le structuralisme. Néanmoins, les registres extrêmes restent actifs et « libres », contraints uniquement par les conditions inférentielles de la pensée et les conditions situationnelles de la parole.

Ces dernières contraintes se touchent cependant, et de manière constante, dans la mesure où la pensée embrasse et prend pour objet la situation qui est celle de la parole qui représente cette pensée. Si le sujet pense en effet la situation où il est en train de communiquer sa pensée, il peut la penser comme simple objet de contemplation, comme contexte stable pour un *ailleurs* thématisé ; le genre restera alors *constatif* ; ou il peut la penser au contraire comme objet d'intervention, dont le statut dépendra de son dire ; ce dire deviendra alors un faire, et le genre de sa parole sera *performatif* [pour reprendre les mots clés de Austin 1962 (1955) et de Benveniste 1966 (1958)]. Le constatif est modalisé épistémiquement – *il pleuvra peut-être/probablement/certainement...* –, alors que le performatif, dans toutes ses manifestations explicites, est sans modalisation épistémique – *je souhaite.../je déclare.../je promets...* – et d'ailleurs aussi sans aspectualisation – **je commence à promettre...* Le dire, devenu faire, admet les indicateurs de passions – c'est *avec plaisir* que j'accepte votre invitation (déclaration) –, mais refuse les indicateurs qui relativisent le *factum* devenu aussi absolu que le *dictum* avec lequel il s'identifie partiellement. Il est entendu que le *factum* et le *dictum* ne peuvent jamais coïncider totalement, ne serait-ce que parce que leurs *scopes* temporels diffèrent. Le dire n'est absolu qu'en tant qu'il est instantané, alors que son faire éventuel étend ses effets dans un futur plus ou moins déterminé, au-delà de la phrase.

2. Promettre : rhétorique

Au niveau de la pensée même, à laquelle une phrase se substitue, le performatif veut donc que cette pensée embrasse cette phrase. Un même réel va ainsi être représenté deux fois, par une idée de *factum* (F) et par une idée de *dictum* (D). Nous pouvons nous représenter un même réel comme indécidable et comme décidable en même temps. Le contenu d'une question est représenté comme décidable en général, et pourtant aussi comme indécidable au moment où elle est posée. Une situation de plus en plus pénible est d'une part « indécidablement » pénible, mais d'une part décidable pour la personne qui s'y réfère en s'exclamant: *Ça suffit!* Une situation qui « offense » quelqu'un est en soi indécidable, et même si elle contient une provocation, celle-ci est impondérable ; mais elle est décidable du point de vue de la personne qui, à un moment donné, se déclare offensée. Si, d'autre part, on admire un beau coucher de soleil, l'expression admirative peut garder l'impondérable de cette beauté: *Oh! comme c'est beau!* Deux indécidables se font écho (celui du beau et celui du « comme »). C'est le contraire qui se produit, quand on constate l'existence ou la qualité de quelque chose: *C'est comme cela (qu'est-ce que vous voulez)...* Deux décidables se font face (celui des faits et celui de l'attitude du parleur qui « n'y peut rien »). Les représentations graduelles et continues correspondent ici à ce que nous appelons l'indécidable, alors que les représentations appliquant un discontinu qualitatif au graduel, en le catégorisant, donnent une image décidable du même réel (la décision renvoie à une limite, à un point critique divisant le graduel). Si l'on admet que D et F présentent chacun une image, décidable ou indécidable, en ce sens, d'un état de choses, on obtient ainsi une analyse un peu plus fine des genres phrastiques par rapport à la pensée :

	représentation D	*représentation F*	*genre*
(1)	décidable	décidable	**constatif**
(2)	décidable	indécidable	**performatif**
(3)	indécidable	décidable	**interrogatif**
(4)	indécidable	indécidable	**exclamatif**

Les actes langagiers sont des actes verbaux (D) qui interviennent dans un processus intersubjectif impliquant des états de faits et des faire (F), et qui changent *eo ipso* ce processus en ce qui concerne sa décidabilité; le genre constatif (1) et le genre exclamatif (4) ne sont pas propres à opérer ce changement, on le voit; le genre interrogatif (3), qui applique un indécidable à un décidable, ne fait que différer ou, au contraire, hâter une décision; mais le genre *performatif* (2), lui, introduit une circonstance nouvelle qui rend décidable ce qui ne l'était pas. Les actes langagiers relèvent donc du genre performatif.

Avançons ici une hypothèse réaliste portant sur la nature de cette «décidabilisation»: une situation intersubjective peut dépendre d'un état subjectif, et cet état subjectif, objectivement significatif, peut à son tour dépendre du fait que le sujet en question reconnaisse ou ne reconnaisse pas le fait de se trouver dans l'état en question. Dès qu'il le reconnaît, il change *eo ipso* la situation. Mais il faut qu'il le reconnaisse verbalement, «explicitement». La verbalisation fait acte. Elle objectivise l'état subjectif et le fait « compter » intersubjectivement. Un sujet qui *déclare reconnaître* se trouver dans l'état X commet un acte langagier et manifeste le genre performatif. Un corollaire non trivial : toute expression passionnelle est performative (*je t'aime* ou *je te hais* sont des phrases performatives). Un corollaire inverse : une phrase performative est toujours interprétable comme une expression passionnelle portant sur l'état de son sujet d'énonciation (cf. Brandt 1990). Cet état est en même temps *thymique* et *modal* : l'« humeur » du sujet est liée à une détermination modale qui porte sur un programme, une manière de retenir un passé et de projeter un futur. Le performatif rend un sujet prévisible (décidable) en l'inscrivant dans l'ordre des objectivités qui structurent le temps pour d'autres sujets.

On voit où nous voulons en venir. Ce sera notre deuxième hypothèse : *le performatif consiste à promettre* (sous-genre euphorique) *ou à démentir une promesse attendue* (sous-genre dysphorique). Si cette hypothèse n'est pas trop forte, on peut dire que le performatif – y compris les serments, les déclarations, les souhaits, les aveux, etc. – tourne invariablement autour de la promesse, de sa présence ou de son absence. Une absence radicale de promesses, de la part d'un sujet, est vécue par son entourage comme une menace indéterminée, en dernière instance une menace de mort. La fonction de la promesse, en général, serait d'éloigner la mort du traitement intersubjectif.

3. Promettre : sémantique

Au premier niveau, nous avons trouvé un *déclarer reconnaître* X(S) dans le performatif en tant que genre, genre identifiable à un concept très général de promesse. Au deuxième niveau, il faudra élucider cet X pour essayer de saisir sa structure syntaxique, actantielle. Si un tel état X peut concerner une situation au point de déterminer son sens, c'est-à-dire de la changer qualitativement, il doit introduire dans la situation une détermination syntaxique qui vise ou intègre les composantes de cette situation : une organisation actantielle qui les investisse.

Une promesse faite à un créancier peut différer un paiement. Une promesse d'amour peut créer une attente nouvelle. Malgré la différence évidente entre ces deux occurrences et la complexité inhérente, et en dernière analyse singulière à chaque occurrence que l'on peut extraire d'un contexte narratif donné (cf. Brandt 1972), il semble possible d'isoler dans X au moins *une* constante actantielle, à savoir une obligation portant sur un don – un *devoir donner* déclaré reconnu par le sujet :

$$\text{X : devoir donner (S1, O, S2)}$$

S1 est le sujet qui déclare reconnaître, et cet X est le contenu du syntagme régi par ce *dictum*. L'analyse de ce contenu syntaxique est actantielle et modale (Brandt 1984 et 1986 pour l'actantialité, 1989 pour la modalité). En termes actantiels, nous pouvons ici nous limiter à dire que *donner* fait passer un objet O de S1 à S2 (O doit en plus être un « bien », c'est-à-dire un objet modal représentant pour S2, selon S1, un moyen de s'éloigner de la mort; tout ceci est plus compliqué à modéliser, cf. Brandt 1987) :

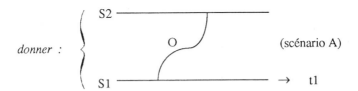

Le *devoir* qui affecte S1 comme une contrainte qui le « destine » à donner est une circonstance scénarielle sous-jacente et présupposée qui enchâsse ce scénario (A). Un actant Destinateur peut être stipulé qui affecte S1 de la même manière, mais de sorte à produire un changement modal M chez lui, une orientation intentionnelle vers A :

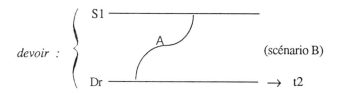

devoir : (scénario B)

L'objet d'envoi est ici un scénario (O = A), ce qui correspond aux expressions comme « donner du travail à quelqu'un », « avoir à faire ». A est un programme, communiqué à S1 à un moment (t2) précédant celui (t1) de son exécution, et il faut évidemment, pour que ce programme se réalise, que (t1) entre en continuité avec (t2), pour l'actant commun S1. Or, S1 peut recevoir A comme une obligation sans être capable de la réaliser – il peut *devoir-faire* sans *pouvoir-faire*. On peut, autrement dit, faire des promesses « vides » (promettre la lune...). Dans la sémantique de la promesse, c'est sans doute là le phénomène le plus intrigant : quand on *déclare reconnaître devoir donner* O, comment juge-t-on par la même occasion sa propre capacité ou qualification ou puissance garantissant la réalisation de ce programme ? Comment est-elle jugée par S2, le « promettaire » ? Si l'avenir ne relève pas de notre maîtrise, comment fait-on pour croire à une promesse, dans ces circonstances ? Nous pensons que l'on fait appel à une norme qui préside à l'unification des deux temps (t2 et t1), et qui introduit un principe de *force majeure* embrassant l'ensemble des forces qui empêcheraient de projeter les forces (telles que : volonté, savoir, pouvoir social, puissance physique) dont on dote le « prometteur » en croyant à son acte langagier. « Si Dieu le veut », il fera bien ce qu'il vient de promettre. Mais « je le ferai, si je le peux » est aussi une promesse, c'est même celle qui domine dans l'univers des contes de fées. (« Nous gagnerons la guerre »). Les *forces mineures* peuvent être insuffisantes sans annuler la promesse. « Je ferai de mon mieux »... Le prometteur peut se savoir démuni et se montrer manifestement démuni, et pourtant promettre : on dira alors qu'il a *confiance...* en quelque chose d'autre. Les forces mineures semblent pouvoir comprendre des composantes absentes, appelées magiquement par la promesse elle-même. Comme si l'acte langagier déployait – par le fait de sa liberté, de l'absurdité ou de la déraison avec laquelle elle se réfère à une parole qui ne signifie qu'elle-même, c'est-à-dire *ne signifie rien* (rien d'autre que ce *signifier*) – une magie élémentaire et irrésistible pour le promettaire comme pour le prometteur. Nous reviendrons à cette *extase* surprenante, au moment d'étudier la promesse sous l'angle de l'énonciation. Que la promesse soit « tranquille » ou « extasiée », selon la quantité de composantes absentes dans la force mineure suffisante (à plus d'absences, plus d'extase), l'unification temporelle requise pour sa réalisation dépend de l'opérativité de ces forces projetées (FP) émanant d'un Destinateur poïétique intra- ou extra-subjectif (DrPo) :

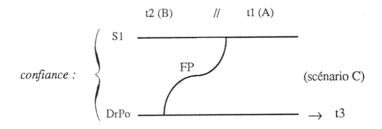

On peut donc considérer le scénario *donner* et le scénario *devoir* comme articulés par le scénario *confiance*, et considérer cette articulation actantielle comme une structure sémantique inhérente à ce qui est figuré par la communication verbale elle-même, quand elle prend la forme d'une promesse (P) :

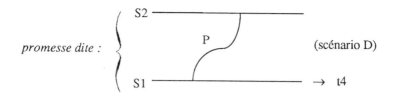

Ce dernier scénario (D) reprend ou représente par sa forme même la série canonique (A-B-C) qui lui donne son sens. (A) et (D) présentent les actants-sujets à la même place et permettent ainsi de voir l'objet verbal P comme une préfiguration de l'objet-contenu O. (B) et (C) présentent S1 à la place du destinataire; en superposant les quatre scénarios directement, on voit un objet P transformé en O en passant par deux métamorphoses modales, d'abord en l'«image prophétique» (A) qui inclut les deux sujets, ensuite en l'image de la puissance pure (FP), qui les exclut. Cette série d'objets transmis – P → (A → FP) → 0 – explique peut-être comment la promesse arrive à produire ce lien fiduciaire, cette relation confidentielle, voire cet effet de suggestion, entre les sujets impliqués: ils partagent (par A) une représentation, une image qui les montre «ensemble», et ils partagent (par FP) la condition d'absence de maîtrise sur le temps et sur la «force des choses», force et maîtrise qui ne peuvent que renvoyer à l'objet verbal P, qui, lui, est maîtrisé par un être parlant. Ainsi, la maîtrise verbale devient magiquement maîtrise du temps, et les sujets ne peuvent pas ne pas y croire. «Que je ferai cela est aussi vrai que je le dis!» Et il n'y a rien de plus vrai. (Cette dérivation de la force illocutoire de la promesse s'inspire de Poulain 1987.)

L'analyse sémantique nous montre, en résumé, un *promettre* paraphrasable en: *déclarer reconnaître devoir et aller pouvoir donner*. Ce dernier verbe impliquant un objet doté d'un statut valorisant dont nous nous sommes limités à dire qu'il se dériverait de la pertinence de la mort dans la sémiotique des sujets.

4. Promettre : grammaire

On a souvent remarqué que l'expression directe, à *verbum dicendi*, des actes performatifs exige morphologiquement le présent de l'indicatif, la première personne, et syntaxiquement un complément d'objet nexuel (prédicatif ou propositionnel complétif). *Je promets que...* ou *de* suivi d'un infinitif pourrait être pris comme le prototype d'une telle expression, si l'on accepte de considérer le verbe comme *dicendi*. Est-ce que promettre est une manière de « dire » ? Qu'est-ce que *dire* veut dire ? Promettre, précisément : déclarer reconnaître devoir et aller pouvoir donner à quelqu'un au moins une phrase, qui soit l'expression d'une pensée, en sens large. Dire équivaut à se rendre responsable d'une phrase (qui dit quelque chose); c'est la promesse minimale, celle qui communique la reconnaissance de l'existence de l'autre et qui en fait le destinataire de quelque chose comme un sens. Ce qui fait comprendre le poids intersubjectif du silence, de l'absence de « dire ». L'exigence de présence et de première personne s'expliquerait ainsi par la sémantique de la promesse que nous avons étudiée (le scénario D renvoyant à la maîtrise actuelle de la parole; d'ailleurs, il faut que la phrase de la promesse soit bien formée grammaticalement, sinon elle dément cet effet dynamique); l'exigence d'objet nexuel s'expliquerait par ailleurs par le don impliqué (scénario A), qui permet de voir dans l'objet donné (O) le *dictum* de la phrase, qui est toujours nexuel – le nexus est un rapport sujet-prédicat –, dans la mesure où O est un objet modal qui affecte comme un prédicat le destinataire S2 dans sa relation à S1 [performatifs : *Je me déclare innocent* = vous ne pouvez ou ne devez pas me punir; *Je te nomme directeur* = tu peux et dois diriger...; constatif : *Je te dis que (quelque chose est le cas)* = maintenant, tu sais ce que j'en pense; exclamatif : *Je trouve cet homme TELLEMENT bête...* = je t'invite à t'exciter comme moi à ce sujet (l'exclamatif est mimétique); interrogatif : *Je te demande si (quelque chose est le cas)* = je t'invite à décider de la chose].

La morphologie temporelle des verbes finis nous oblige à interpréter les phrases dans la perspective d'un présent qui peut toujours s'expliciter par un tel dire-promettre performatif primaire. Ce qui fait que les performatifs explicites ne font qu'éliminer les autres genres au niveau secondaire.

On peut objecter à juste titre que beaucoup de formules performatives explicites ne respectent pas l'exigence de première personne. Ce sont les formules *écrites*, souvent de caractère institutionnel : *M. X est nommé ministre plénipotentiaire*; – *La chaire de botanique est déclarée vacante*; – *Il est décidé que...*; – *Le Président de la République décrète que...* (exemples de Benveniste). Ces phrases sont à la troisième personne, et leur construction est souvent passive, en général sans complément d'agent, puisque c'est le texte qu'on a devant les yeux qui en « est » l'agent (ce qui peut être souligné par l'incise *par la présente*). Si la construction est active, comme dans le dernier exemple, un ensemble de règles de solemnisation assure le statut « scriptural » protégeant la force performative du texte (on omet le nom propre du président en question, on ajoute *de la République*, qui est parfaitement superflu, et on évite les tournures parlées dans les phrases qui développeront le *dictum*). La « langue de bois » généralise ce principe de solemnisation et laisse flotter un air « scriptural » performativisant, désubjectivant : excluant les exclamatifs, les interrogatifs et même et surtout, malgré l'apparence, les constatifs. Le pouvoir bureaucratique serait impensable sans cette irréalisation, qui fait que le décrété soit perçu comme relevant d'une magie autovalidante impersonnelle et partant d'efficacité globale (déliée de la localité qui est celle d'un corps parlant). La problématique de l'écriture et de sa performativité est particulièrement intéressante dans le contexte de la philosophie politique.

Un verbe comme *menacer* (quelqu'un de quelque chose) est peut-être un *verbum dicendi*, mais semble en pratique réservé à un usage constatif (*Il m'a menacé de...*, mais rarement : *Je te menace (en ce moment) de...*). Le verbe *prévenir* [*Je te préviens (que...)*] semble plus propre à l'usage performatif négatif, donc pour «menacer», mais laisse une ambiguïté sur la source du mal imminent – S1 ou une force externe? – comme si la structure de promesse, immanente à l'acte verbal, s'opposait à l'investissement maléfique de l'analogon de la phrase. Ce qui est «comme» la phrase même, maîtrisée par S1 dans l'acte verbal, *doit*, semble-t-il représenter un bien. C'est bien plutôt par le silence que l'on signifie une intention de menace.

Mais il est parfaitement grammatical, pourtant, de dire : *Un jour, j'aurai ta peau! – Je te tuerai.* On ajoutera éventuellement : *Je le jure!* Car ces phrases ne sont évidemment pas des menaces. Ce sont des jurements (des serments informels), et nous voyons deux manières de les analyser. Il peut s'agir de simples exclamatifs (= «Oh! que je suis en colère...!» = je t'invite à comprendre dans quel état tu me mets – ou à te mettre dans le même état), et dans ce cas, leur effet est atténuant, voire ironique. Et il peut s'agir de l'apodose d'une construction conditionnelle, dont la protase présenterait la circonstance qui déclencherait l'acte maléfique désigné par cette apodose. *Si tu me fais cela, je te tuerai.* La grammaticalité d'une telle construction est due au fait qu'elle contient une promesse : en effet, si tu t'abstiens de faire ce dont il est quesiton, alors je ne te tuerai pas. Ou bien, inversement : *Fais cela*, sinon je te tuerai. Cette injonction propose charitablement la bonne manière d'échapper au bain de sang. Ces véritables menaces sont, grâce à leur structure conditionnelle, inséparables des promesses qui les rendent dicibles.

La promesse peut être conditionnelle, comme les menaces le sont nécessairement *(Je te promets que) si tu me donnes X, je te donnerai Y.* Une promesse conditionnelle est plus faible qu'une promesse simple, puisque la validité de son apodose dépend d'une circonstance non encore réalisée, alors que la promesse simple peut être interprétée comme une apodose à protase réalisée *(Puisque tu me donnes X...)*; mais sa sémantique reste essentiellement la même, à part le fait que son scénario A est plus compliqué, comprenant deux transferts, le don et le contre-don, dans un ordre temporel variable. Mettons que X et Y soient des biens. La promesse pose alors un rapport de conjonction entre X et Y; c'est *X et Y*. La version déceptive sera: c'est *X, mais non Y*. Cette version exige l'antériorité de X par rapport à Y.

La menace pose un rapport de disjonction entre X – un bien, ou l'absence d'un mal – et Y, qui est nécessairement un mal. La menace explique pour ainsi dire comment tenir ce mal à distance.

Toute phrase est d'ailleurs – conséquence de son statut de promesse primaire – une promesse portant sur une autre phrase, celle qu'introduit la conjonction *et*: *Le soleil brille ET les oiseaux chantent.* Toute phrase présente en effet un *dictum* X qui se trouve lié par un réseau d'inférences possibles à une famille de *dicta* <Y>, dont le sujet qui parle s'engage à sélectionner au moins un, si l'interlocuteur le lui demande (par un: *Et alors?*). Cet *et* peut être narratif, argumentatif ou descriptif («et puis...», «et par conséquent...», «et aussi...»), selon le type d'inférence que le discours actualise; mais il y aura toujours, grâce à ce principe, que nous pourrions appeler la promesse de pertinence, une aire de <Y> possibles autour de X. Rien de semblable n'a lieu en ce qui concerne *ou*.

On peut rendre compte géométriquement de ces mécanismes logiques que manifestent à la fois les constructions conditionnelles et les enchaînements conjonctionnels, et qui assurent l'intelligibilité des contraintes de pertinence: X et Y circulent en chaîne fermée sur un *lieu* (ce que la linguistique cognitive appelle maintenant un *container*, et que nous avions appelé un *chorème*) représentant ici la réalisation:

c'est X et Y   c'est X, mais non Y   c'est X ou Y

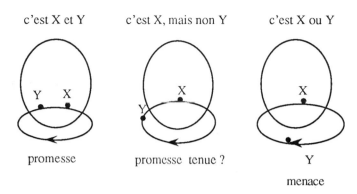

promesse   promesse tenue ?   Y

menace

Les événements X et Y sont donc liés à leur chaîne, qui règle précisément leur «enchaînement». Comme la distance entre X et Y est variable, et que la vitesse de la circulation sur le lieu l'est également, nos inférences peuvent s'exprimer en temps ou en espace, narrativement ou «logiquement». Pour le philosophe logico-sémioticien C.S. Peirce (2.153, cité par Goudge 1950), «every reasoning holds out some expectation. Either it professes to be such that if the premisses are true the conclusion will always be true, or to be such that the conclusion will usually be true if the premisses are true... or to make some other such *promise*. If the facts bear out that *promise*, then... the reasoning is good». (Les italiques sont nôtres.)

5. Promettre : énonciation

Le problème majeur de l'énonciation performative est celui que nous proposons d'appeler la question de sa *température* : le langage doit être employé «sérieusement» et avec «sincérité» pour produire ses effets performatifs. Austin (1962) était formel dans sa deuxième leçon : «... as *utterances* our performatives are *also* heir to certain other kinds of ill which infect *all* utterances. And these likewise, though again they might be brought into a more general account, we are deliberately at present excluding. I mean, for example, the following: a performative utterance will, for example, be *in a peculiar way* hollow or void if said by an actor on the stage, or if introduced in a poem, or spoken in soliloquy. This applies in a similar manner to any and every utterance – a sea-change in special circumstances. Language in such circumstances is in special ways – intelligibly – used not seriously, but in ways *parasitic* upon its normal use – ways which fall under the doctrine of *etiolations* of language. All this we are excluding from consideration. Our performative utterances, felicitous or not, are to be understood as issued in ordinary circumstances» (p. 21-22).

« Comment, demande R. Maggiori (1990) après tant d'autres, dans ce genre d'analyse, va-t-on considérer le discours de fiction, le discours ironique, la citation, la métaphore, etc.? »

Le performatif demande l'absence de tous les jeux de l'indirect liés aux situations théâtrales, fausses, fictionnelles, parasitaires et étiolantes. Dans un contexte de pensée « continentale », on se demande ce qui va rester sous le titre de « circonstances ordinaires ». Mais on peut faire remarquer que, pour Austin, il ne s'agit pas de dresser la liste sociologique des « bonnes situations » ; l'idée qui le guide apparaît dans sa petite phrase: « Language in such curcumstances is... *intelligibly* used not seriously... » La démarcation est supposée à l'œuvre chez les sujets parlants, comme une distinction intelligible qui guide leur compréhension de tout ce qui peut être énoncé. On devrait donc pouvoir rendre compte globalement de cette distinction, au lieu de devoir chercher dans chaque énonciation le petit diable qui rend parasitaire le langage. C'est ce que nous proposons de faire, au lieu de ridiculiser trop vite une philosophie qui, sous sa forme défensive, s'y prête.

Par la température de l'énonciation nous entendons une dimension qui va du sérieux, direct, sincère, apathique et *froid* au ludique, indirect, ironique, pathétique et *chaud*. On

peut analyser les deux pôles de cette dimension en schéma-
tisant les deux circonstances inhérentes à toute énonciation
(S1 dit P à S2) : 1) pour que S2 pense P ou non-P ; 2) alors
que S1 pense P ou non-P.

Si nous avons : S1 dit P à S2, pour que S2 pense P, et
parce que S1 pense P, alors nous sommes dans le *sérieux*.

Si nous avons : S1 dit P à S2, pour que S2 pense P, alors
que S1 pense non-P, nous sommes dans le *mensonge*.

Si nous avons : S1 dit P à S2, pour que S2 pense non-P,
alors que S1 pense non-P, nous sommes dans l'*ironie*.

En termes de température :

P !	P ! ?	« P »
« froid »	« tiède »	« chaud »
sérieux	mensonge	ironie
S1(P) &	S1(non-P) &	S1(non-P) &
S2(P)	S2(P)	S2(non-P)

S'il est possible de communiquer constructivement en tom-
bant d'accord pour que « P » signifie non-P, c'est que ce
non-P est spécifique, déterminé par un discours marqué, un
référent discursif qui sous-tend un enchaînement compatible
avec le contenu d'une situation proche de celle où l'on est,
et appelant une pensée relativement proche de celle qui serait
représentée par P sans l'intervention de ce discours marqué.

Exemple : on se lève la nuit, réveillé par un bruit, et on
se trouve face à un voleur en train de vider la maison ;
Voulez-vous que je vous aide ? (Remarque ironique qui
exprime dans sa rhétorique de simple inversion – « je vais
vous chasser, certainement pas vous aider » – la conster-
nation et la surprise du sujet, son état relativement
« chaud ».)

Les métaphores établissent une pensée non-P à la place
de la pensée qui se trouve « normalement » exprimée par P,

du fait que leur forme, le petit récit qu'elles condensent dans leurs termes, est proche de celle de la pensée-P.

La rhétorique en général est un arsenal de formes P qui permettent à la communication de se référer à des non-P repérables et, en plus, de s'y référer passionnellement, c'est-à-dire en signifiant une attitude «chaude» qui active le genre exclamatif et déclenche un rapport mimétique entre les sujets. Cette rhétorique est à l'œuvre dans tout rapport d'énonciation ayant un caractère conversationnel (non opérationnel), tel un débat, une réflexion partagée, un entretien amical ou visant une atmosphère d'accueil et de chaleur – ce qui s'exacerbe dans les discours «chargés» cherchant l'adhésion, mais curieusement avec un effet de refroidissement : le politicien au discours surchargé donne l'impression de mentir (la température tombe vers le tiède). En général, les échanges de réflexions sous-entendent que toute pensée peut se formuler autrement, et que chaque occurrence n'est qu'une phrase ou un enchaînement de phrases parmi bien d'autres. Il n'y a jamais une seule phrase pour une pensée, au sens ordinaire de ce mot : une réflexion portant sur autre chose que le statut actuel des sujets.

Le performatif exigerait en revanche l'absence de toute rhétorique. P a exactement le sens que P doit avoir. Dans *Je déclare la séance ouverte*, le verbe est irremplaçable. Le *performatif exclusif* (non pas, bien entendu, le performatif primaire et ses conséquences inférencielles, mais celui qui exclut le constatif, l'exclamatif, l'interrogatif) est rigide, figé, rituel, ses formules sont fixes et peu variables ; on peut les comparer aux mots de passe. La pensée que communiquent ces formules n'est pas une réflexion, mais un geste *déictique*. Au moment de dire : *Je promets...*, je dis que *ceci* est une promesse ; qu'*ici, maintenant*, il y a promesse. C'est probablement pourquoi nous ne disons pas : **Ici, maintenant, je promets...* Ajouter des déictiques serait faire entendre qu'il n'y en avait pas déjà, comme dans : *Je promets toujours (trop)*. En disant : *Aujourd'hui, je jure*, je ne jure pas, je décris ce que je fais aujourd'hui. Je constate. Le performatif exclusif est déictique de manière inhérente.

Il serait parfaitement cohérent de classer tous les verbes performatifs exclusifs comme des délocutifs au sens de Benveniste *(ibid.)*, au même titre que son exemple, *saluer* (dire « salut ! »). En effet, le verbe promettre veut dire dire : « je promets... » (et sans ajouter des déictiques), et le verbe jurer veut dire dire : « je jure... ». Performer ces actes veut dire employer exactement ces verbes. Et ainsi de suite. Si *saluer* est un verbe performatif et délocutif, cela pourrait se justifier de la même façon (par « je te salue »). Le déictisme inhérent à ces verbes est dû à la rigidité rituelle qui caractérise leur emploi magique et opératif dans l'énonciation performative.

Le sérieux sincère et direct dont il est question chez Austin est ainsi à comprendre à partir du « froid » littéral et fixe qu'exige l'acte rituel. C'est une valeur de température qui est fortement sensible et intelligible pour tout sujet parlant, car sans cette sensibilité, il serait incapable de contrôler ses investissements dialogiques, voire de comprendre la moindre phrase. Il n'a pas besoin de repasser une liste de situations typiques pour décider de la température d'une phrase dans l'énonciation ; la liste des délocutifs consacrés par une culture est bien plus courte ; et hors cette liste, il porte spontanément son attention au *style de l'énonciation* de son interlocuteur : la température est signifiée par la rigidité même de l'intonation, par la plasticité de l'expression ou par sa répétition littérale, démonstrative *(...and Brutus is an honourable man...)*, et finalement par la gestualité, la mimique et la proxémique qui accompagnent la phrase. Toute fixation le met en garde ; car se tromper sur ce point peut être fatal.

On sait que cette compétence énonciative dépend de l'état psychique du sujet. Dans certains états psychotiques qui affectent le rythme corporel et imposent une rigidité gestuelle générale, la sensibilité à la température de la parole de l'autre est également diminuée, et ses phrases deviennent inintelligibles. Corrélativement, le langage du sujet tend à généraliser le ton formel du performatif. Il peut se figer en un rictus de performativité exclusive chronique. Ce qui, pour Austin, serait peut-être le comble du sérieux, est un état que l'on n'observe que sous forme de maladie mentale.

Dans la vie quotidienne des sujets parlants, l'énonciation change de température à tout moment. Le sérieux « froid » intervient momentanément, ponctuellement, chaque fois qu'un statut est réglé, et le ludique réflexif, « chaud », ouvre entre ces crises nécessaires, mais courtes, des intervalles larges où l'usage que Austin appelle parasitaire permet au langage de servir la connaissance, l'échange des idées, la circulation des passions, des sentiments et des opinions. Le travail poétique résume le domaine « tropical » tout entier; dans le laboratoire littéraire, même les figures rhétoriques sont instables (et le sujet arrive à s'exclure radicalement de ce qui devient ainsi une pensée « du texte »...). Le langage « respire » par l'indirect, alors qu'il traverse ces crises d'asphyxie et de raréfaction lexicale chaque fois que l'apatie impersonnelle, solennelle, institutionnelle est requise, pour que les sujets se redéfinissent. Cette gravité ou componction appartient aux moments décisifs dans la vie éthique du sujet parlant, dans la mesure où sa responsabilité est constituée dans de telles circonstances langagières. Le paradoxe est que la Raison pratique dépend de ce qui se présente comme des crises de folie.

6. Promettre : pragmatique

L'énonciation s'inscrit dans un contexte situationnel faisant des sujets de parole les instances constitutives d'un échange matériel multiforme, que le langage sous-tend, mais sans le définir entièrement. A ce niveau pragmatique, dont le « métalangage » serait – nous l'avons vu – la pensée telle qu'elle apparaît au premier niveau, d'une part transcendantale (prérhétorique), d'autre part phrasable (rhétorique), on peut parler de *sujets* tout court, de personnes juridiques ou individuelles, sociales ou psychiques, politiques ou érotiques. Or ces sujets *échangent*. Il est possible, malgré la richesse infinie des circonstances à prendre en considération à ce niveau, de modéliser ce qui rend sémiotiquement intelligible, dans cette masse de phénomènes, les contraintes modales directement liées à l'*échange* même, sorte de structure temporelle impliquant deux sujets qui s'intermodalisent en interagissant matériellement.

Dès qu'un sujet S1 apparaît devant un autre sujet S2, il « se montre », il « donne » (à voir) quelque chose de lui-même, ce qui affecte nécessairement son autre. Il crée une attente. Si, en plus, S1 donne à S2 un objet O (toujours « quelque chose de lui-même »), cette attente se solidifie et devient chez S2 un *croire* portant sur la disposition de S1 à son égard, ou sur la probabilité d'autres dons dans le même sens. Comme un sujet S1 sait que ce croire va être créé chez S2, et qu'un croire (anglais : *a belief*) est une chose « sérieuse » pour celui qui l'acquiert et qui peut s'exposer à des dangers considérables par le simple fait de bâtir une partie de son existence pratique ou affective sur lui, ce prometteur acquiert de son côté un *devoir-faire*, qu'il le veuille ou non. Si S1 a en plus l'intention de promettre, il veut que S2 « le croie », et il projette sur lui un *devoir-croire* au sens déontique, alors que la création du croire chez un destinataire modalise déjà le destinateur sans cette motivation supplémentaire, par sa simple probabilité épistémique. En revanche, si S2 refuse O, cette modalisation par *devoir-faire* de S1 s'annule, bien entendu, puisque sa cause supposée s'avère nulle, et le don se réduit à une « offre » (refusée), qui n'est plus une promesse (cf. Schneewind 1966, qui discute cette modalisation pour les cas où O est un énoncé proposant un don).

Il est donc nécessaire d'étudier l'échange comme un processus impliquant deux sujets, un développement temporel qui permet de rendre compte des phrases articulant la promesse en un *parcours*. Nous postulons que le parcours de la promesse organise un échange en quatre phases.

1. Un premier objet est donné par un S1 à un S2, et il est interprété comme un *gage*, préfigurant un don ultérieur, disons, le don principal; l'objet du don ultérieur, principal, est plus important que le premier.

2. S2 répond à S1 par un signe d'acceptation et d'attente. Le croire s'installe. L'obligation (*devoir-faire* de S1) existe, et l'idée d'un délai s'impose à S1 et à S2, grâce à une convention culturelle ou, sinon, par l'effet d'un accord explicite.

3. S1 réalise le don principal dans le délai (où il ne le fait pas).

4. S2 répond à S1 en retirant le signe d'attente, c'est-à-dire en remerciant S1, après avoir évalué le don principal. Cet acte de remerciement est une contre-promesse de reconnaissance; il établit un lien entre les sujets tel qu'une future promesse de la part de S2 envers S1 devient probable.

La modélisation élémentaire de ce parcours que nous proposons serait donc un cycle de quatre transferts:

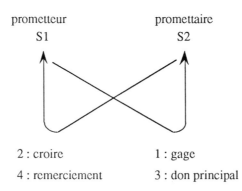

prometteur	promettaire
S1	S2

2 : croire	1 : gage
4 : remerciement	3 : don principal

Les flèches transportent d'une part, de S1 vers S2, d'abord l'objet faisant gage, ensuite l'objet du don principal, pour ainsi dire signifié par le premier – pour S2, le gage est son signifiant au sens d'une sémiotique des objets, dont le « code » n'est pas arbitraire, mais constitué par des inférences ordinaires ; c'est une simple sémiotique du « monde naturel », qui regarde S1 comme une entité-source au même titre que la Nature, le monde inanimé, pour lequel il serait « naturel », après (1), d'envoyer (3). Ainsi, il peut y avoir *continuité* entre (1) et (3), de sorte que (1) est une petite quantité et (3) une grande quantité d'un même contenu de don (un type de services, ou d'affectivité : s'il s'agit d'une *promesse d'amour*, le don principal est infini, ce qui perturbe la cyclicité du parcours, rend inaccessible l'état résultatif et problématise la réciprocité au-delà du cycle). – D'autre part, les flèches transportent, de S2 vers S1, le signe d'attente du *croire* de S2, par lequel S1 s'« engage » et désormais assume l'obligation ; et finalement, le signe évaluatif qui clôt le cycle. (2) est un élément d'une grande importance, nous l'avons vu (et on le retrouve comme un argument assez fort en analyse juridique de la promesse), puisqu'il signifie le commencement d'un investissement moral « lourd », de la part de S2 ; alors que (4) peut être interprété comme la marque du terme de cet investissement, comme une sorte de « retour du gage », tel un chèque qui est « touché ». Alors que l'investissement de S1 est croissant $[(1) \rightarrow (3)]$, celui de S2 est donc décroissant $[(2) \rightarrow (4)]$. C'est cette asymétrie qui rend dramatique les promesses dans l'intersubjectivité vécue, où la dépendance créée chez le destinataire met à découvert, pour ainsi dire, la vulnérabilité sémiotique de tout sujet:

44

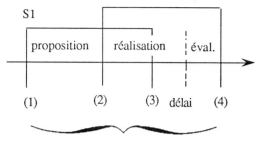

parcours de la promesse

L'articulation temporelle que dégage cette analyse du parcours cyclique peut se résumer en une double projection sur un axe de temps homogène. Le décalage et l'enjambement qui existent entre les «prestations» pertinentes des deux sujets traduisent l'asymétrie intersubjective et la structuration dynamique du temps que le parcours produit et embrasse. Une première étape de constitution, marquée «proposition», est suivie d'une étape de réalisation, dont la première partie est la plus intense, phénoménologiquement, puisque c'est ici que les investissements des deux côtés sont les plus forts. Pendant l'étape finale d'«évaluation», le don principal peut se trouver annulé («ce n'était pas cela», «il y a eu un malentendu», etc.), ce qui affecte considérablement l'état résultatif [après (4)], qui vire de la reconnaissance au ressentiment, selon la gamme passionnelle de S2. Une telle conclusion déceptive peut déclencher une intention de vengeance – cf. le cas de Don Juan – chez S2, ce qui montre le caractère précaire, risqué, dangereux, de la position de «promettaire», et, partant, le statut d'*offense* pour ce «promettaire» d'une promesse déçue. Ce phénomène bien connu dans la vie quotidienne, à tous les niveaux, est dû à *l'indétermination du signe d'attente* (2), signe qui peut se matérialiser sous forme de prestations importantes, voire intimes, vitales, de la part d'un S2 qui est «dupe de sa crédulité». La technique de la *tromperie* et de la basse séduction (la séduction par la ruse) retrouve sa ressource fondamentale dans cette dynamique de la promesse, qui fait donner le destinataire, dans le but d'ancrer l'obligation du destinateur.

On peut remarquer que cette analyse pragmatique semble faire abstraction du rôle spécifique du langage, dans toute cette structuration. Nous pensons en effet que le langage et les actes langagiers n'ont aucun rôle spécifique ou indispensable à jouer dans la *pragmatique* de la promesse en général : on peut parcourir le cycle en disant pratiquement n'importe quoi, ou sans dire un mot ; les séductions (déceptives ou heureuses) sont souvent silencieuses. Il s'agit fondamentalement d'une sémiotique des objets. Cela est vrai notamment pour la *micropragmatique* pour ainsi dire « ésotérique » qui ne concerne que deux individus. Or, la *macropragmatique* – « exotérique » – des sujets juridiques, notamment s'ils sont collectifs ou personnalisés par une représentativité, telle la situation de négociation permanente entre deux groupes parlementaires, fait appel au langage performatif, dès que le moindre doute fiduciaire devient trop dangereux. Est-ce que la structure garde alors sa binarité, ou faut-il introduire un tiers, un S3 sujet du *contrat* ? Ce problème s'est déjà posé en sémiotique narrative, où le concept de contrat n'a jamais été bien élucidé.

Pour attester, scripturaliser, « verbaliser » ou contractualiser une promesse, on présente un gage langagier – à côté ou à la place de l'objet –, et ce gage langagier est un acte langagier, éventuellement une formule performative écrite. Cette circonstance particulière protège S2 contre le risque d'être trompé, d'investir ou de s'investir dans le vide (2). Nous en concluons qu'il ne s'agit pas ici d'une formalisation faite devant un tiers neutre – S3 –, mais d'une explicitation à l'usage d'une composante collective de S2, composante dont la puissance contrebalance la faiblesse relative du promettaire, et qui se trouve en mesure d'effectuer une sanction négative, autrement dit de punir un S1 déceptif. Cette sanction est possible, dès que la promesse devient *acte* et, partant, décidable. Les vengeances qui se prolongent en vendettas réalisées entre familles entières, par exemple, se fondent sur une certaine décidabilité performative justifiant phénoménologiquement les mesures de sanction. Une composante S2' de compensation est établie. (Dans cette perspective, on peut interpréter le terrorisme politique, « vengeur », comme étant le fait de groupes se définissant par une phénoménologie de S2', mais au nom d'un S2 imaginaire, mythique). La transformation de ces suppléments S2' en instance unifiée, correspondant à un ensemble hypothétique de S2, à titre de victimes virtuelles de promesses déceptives, ensemble qui couvre un domaine culturel et social préconstitué historiquement à d'autres niveaux, établit alors un état juridique formalisable, susceptible de prendre la place des logiques locales de vengeance.

C'est clairement une préoccupation juridique qui a motivé le débat philosophique sur la *performativité* et sur son « exemple » privilégié – qui est en réalité beaucoup plus qu'un exemple parmi d'autres, nous espérons l'avoir montré –, cette **promesse**, qui pourtant réussit ou rate ses *performances* loin de toutes les formalités qui ont pu intriguer les esprits, et qui, espérons-le, continueront d'offrir leurs énigmes aux détectives du langage et du non-langage.

Per Aage Brandt
Université d'Aarhus

BIBLIOGRAPHIE

Austin, J.L. 1962. *How to do things with words The William James Lectures delivered at Harvard University in 1955* (Ed. J.O. Urmson). Oxford University Press, Oxford.

Benveniste, E 1966, *Problèmes de linguistique générale*. Gallimard, Paris : « De la subjectivité dans le langage » (1958), « La philosophie analytique et le langage (1963), « Les verbes délocutifs » (1958).

Brandt, P. Aa. 1972, « Dom Juan ou la force de la parole », *Poétique* n° 12, Seuil, Paris.

— 1984, « Promettre (Note de travail) », in *Sémiotique et prospectivité* (rééd. M. Hammad, I. Avila Belloso), Actes Sémiotiques, Bulletin VII, 32, GRSL, EHESS, Paris.

— 1986, « Passion », *in* Greimas, A.J. et Courtés J. 1986.

— 1987, *La charpente modale du sens*. Thèse d'État, Sorbonne I, Paris (*à paraître*, John Benjamins, Amsterdam 1991).

— 1989, « The Dynamics of Modality : a Catastrophe Analysis », *Recherches Sémiotiques / Semiotic Inquiry,* vol. 9, nos. 1-2-3, Association Canadienne de Sémiotique, Montréal.

— 1990, « Remarques sur les passions », *Cruzeiro Semiotico*, Associação Portuguesa de Semiótica, Lisbonne.

Goudge, Th. A. 1950, 1969, *The Thought of C.S. Peirce*. Dover Publications, New York.

Greimas, A.J. et Courtés, J. 1986, *Sémiotique. Dictionnaire raisonné de la théorie du langage*, t. 2, Hachette, Paris.

Maggiori, R. 1990, « Jacques Derrida et John Searle en viennent aux mots », *Libération*, 26 avril, p. 30-31, Paris.

Poulain, J. 1987, « La théorie pragmatique de l'action », *Poetica et Analytica*, no. 4, Institut d'Études Romanes, Université d'Aarhus, Aarhus.

Schneewind, J. 1966, « A Note on Promising », *Philosophical Studies*, Vol. XVII, no. 3, University of Pittsburgh, Pittsburgh, Pennsylvania.

Searle, J.R. 1970, *Speech Act. An Essay in the Philosophy of Langage*. Cambridge University Press, Cambridge UK.

DE LA PROMESSE DU CONTRAT

LE SEUIL MYSTÉRIEUX DE LA JURIDICITÉ

Si j'invite l'un de mes amis à dîner un soir chez moi et que personne n'est là pour l'accueillir au moment où il se présente à mon domicile avec un grand bouquet de fleurs, pourra-t-il me traîner devant les tribunaux pour inexécution de mon « invitation-obligation », c'est-à-dire de ma promesse de le faire dîner, de le recevoir aimablement et de l'entretenir poliment de tout et de rien ? Une soirée perdue, une grossièreté certaine, tout ceci ne convaincra aucun juge de sa compétence ni de ma responsabilité contractuelle ou délictuelle sur la base de l'article 1382 du Code civil : « Tout fait quelconque de l'homme qui cause à autrui un dommage oblige celui par la faute duquel il est arrivé à le réparer. »

On pourrait trouver bien d'autres exemples d'actes de courtoisie, de complaisance qui, tout en relevant de la promesse, ne donnent lieu à aucune contrainte et ne sont pas considérés comme des obligations juridiques. Pothier, dans son traité des *Obligations* indiquait par exemple que la promesse d'un père à son fils de lui offrir un voyage s'il réussit à ses examens ne constitue pas un engagement au sens juridique du terme.

On voit ainsi la difficulté sérieuse qu'il y a à vouloir séparer par une frontière étanche la promesse qui relève du droit et la promesse qui relève d'un engagement simple hors du droit. Nous allons essayer de tracer cette ligne de démarcation, sachant qu'elle sera parfois artificielle ou tout au moins abstraite.

I. Des exemples de promesses reconnues par le droit

La promesse est un acte juridique dans un certain nombre de cas : promesse de vente, promesse de porte-fort, promesse de mariage (fiançailles)... en sont les principaux exemples en droit civil. On peut en trouver d'autres en droit international, en droit des affaires, ou en droit du travail. On nommera ces promesses *engagements d'honneur, codes de conduite ou "gentlemen's agreement"*.

A. *La promesse de vente*

C'est une promesse unilatérale qui précède généralement toute signature définitive du contrat de vente. Le vendeur avance un prix et ses conditions, donne un délai à l'acheteur. L'acheteur peut utiliser ce délai pour trouver un prêt bancaire ou faire effectuer les actes notariés nécessaires. Si l'acheteur accepte les conditions, la promesse de vente – qui est souvent écrite donc formalisée – se transformera en contrat et la propriété sera transférée à l'acheteur. Si le vendeur refusait de vendre au prix indiqué dans le compromis l'acheteur serait en droit de le poursuivre pour inexécution du contrat sur la base de l'article 1589 du Code civil.

Dans ce sens d'avant contrat, ou encore de contrat unilatéral, on peut citer l'exemple de la promesse de prêt : c'est un acte juridique mais le prêt ne sera réalisé que lorsque le banquier versera l'argent.

Ces promesses sont des actes juridiques soumis aux mêmes conditions de validité que tous les contrats : capacité des parties, appréciation de l'absence de vices du consentement au moment de la promesse, licéité de l'objet de la promesse et de sa cause.

Les effets juridiques sont ceux d'un contrat : le droit du bénéficiaire est transmissible à ses héritiers, mais tant que le contrat n'est pas formé, les droits qui pourraient en résulter sont *éventuels*

La promesse en droit est donc un *contrat unilatéral et éventuel : l'incertitude pèse sur le contrat à venir. La situation n'est pas « rassurante ». Le contrat formalisé calmera peut-être cette insécurité.*

B. La promesse de mariage

Depuis un arrêt célèbre de 1838 « toute promesse de mariage est nulle en soi comme portant atteinte à la liberté illimitée du mariage[1] ».

Fidèle à cet arrêt de 1838, la jurisprudence refuse de reconnaître le contrat de fiançailles et la responsabilité contractuelle qu'impliquerait sa rupture et se place sur le terrain délictuel où la victime normalement doit prouver la faute de l'autre dans les circonstances qui ont accompagné la rupture.

Nous allons donner quelques exemples de cette jurisprudence :

1. *Monsieur X se fiance à Mlle Y en dissimulant qu'il est déjà engagé dans une précédente union, non dissoute à l'époque de ses fiançailles avec Mlle Y. Il a deux enfants de ce précédent mariage qui est en cours de dissolution mais non dissous à l'époque des fiançailles et du mariage avec Mlle Y. De plus, le jour du mariage il ne se présente pas à la mairie du XVe arrondissement. Il prétextera plus tard une*

---

1. Civ. 30 mai 1838, S. 38, 1, 492 – cf. aussi sur la critique de cette jurisprudence, Josserand, « Le problème juridique de la rupture des fiançailles », *DH*, 1927, Chron., p. 21.

panne de voiture et il ne réapparaîtra que ... six jours plus tard.

Considérant que s'il est exact que toute promesse de mariage est susceptible de rétractation, encore faut-il que celle-ci soit exempte de faute; qu'en l'espèce tant par les inexactitudes et le manque de franchise concernant sa situation matrimoniale, que par la brutalité et la soudaineté de son refus qui n'est survenu qu'au tout dernier moment, sans que soient allégués ni le moindre motif, ni le moindre reproche à l'appui de cette rupture, après de très longues fiançailles, X a commis une faute dont il doit réparation.

Qu'en est-il alors des cadeaux échangés lors des fiançailles? Qu'en est-il en particulier de la bague de fiançailles? L'article 1088 du Code civil déclare caduque toute donation faite en faveur du mariage si le mariage ne s'ensuit pas: la cour d'appel de Paris, dans son arrêt du 3 décembre 1976, décide que seules tombent sous le coup de cet article les libéralités qui, dans l'esprit du disposant, sont subordonnées à la conclusion du mariage, et sont ainsi affectées d'une condition résolutoire tacite; tel n'est pas le cas en ce qui concerne les cadeaux échangés qui relèvent de leur affection réciproque, ou les cadeaux d'amis qui n'interviennent que par courtoisie, galanterie ou affection. La bague de fiançailles qui concrétise les promesses échangées doit obéir à des règles particulières. En l'occurrence :

... il doit être décidé qu'en contrepartie de cette promesse non tenue, la fiancée abandonnée qui n'a rien à se reprocher peut garder cette bague.

Cette espèce apporte une illustration excellente de l'une des fautes possibles: *la faute commise dans la manière de rompre*[2]. On pourrait dire dans ce cas comme dans ceux

---

2. Paris, 3 décembre 1976, Dalloz, 1978, 339 : commentaire de Claude Isabelle Foulon Piganiol.

que nous allons voir plus loin que la promesse est, dans le cadre des fiançailles, créatrice du rapport à l'autre. Elle institue un credo et une créance si l'une des parties ne tient pas sa promesse, elle doit des comptes sur ce crédit ouvert. Remarquons également le préfixe de fiançailles, *fi*, qui fait référence à la bonne foi. C'est la bonne foi trahie qui devient «juridicisable». L'intervention du droit donnerait alors une plus grande sécurité au copromettant.

2. Le fiancé qui abandonne sa fiancée alors qu'elle est enceinte et à la seule annonce de sa grossesse commet une faute. Dans ce cas-là, le jeune homme faisait valoir que le mariage n'apparaissait que comme une possibilité logique, mais qu'aucun engagement précis et sérieux n'avait été pris par lui. Le fiancé devra donc verser des dommages et intérêts à son ex-fiancée. En effet:

> ...les deux jeunes gens passaient pour être fiancés, leur mariage avait été présenté aux amis comme proches par leurs familles respectives...[3]

3. Dans le cas qui suit la responsabilité délictuelle du fiancé est encore retenue. Il est intéressant de lire l'arrêt intégralement :

> Attendu qu'il est fait grief à l'arrêt attaqué, partiellement infirmatif, d'avoir condamné Frebault au paiement de dommages et intérêts envers Demoiselle Karabi pour rupture abusive de promesse de mariage, sans constater qu'il ait commis une faute, et en relevant au contraire qu'il était d'un caractère faible et versatile, ce qui constituerait une explication de son attitude incompatible avec un comportement délictuel ou quasi délictuel.
> Mais attendu qu'après avoir relevé que Demoiselle Karabi avait été présentée à la famille de Frebault qui avait donné son agrément au projet d'union, qu'elle avait fait les démarches nécessaires aux publications et quitté son employeur, qu'un

---

3. Civ. 1er, 3 janvier 1980, *Bull. civ.* 1, n° 5.

contrat de mariage avait été rédigé et des faire-part imprimés, l'arrêt énonce que, cinq jours avant la date fixée pour la célébration du mariage, Frebault avait écrit à la Demoiselle Karabi qu'il ne pouvait l'épouser parce qu'ils appartenaient à des milieux trop différents...

Attendu qu'en l'état de ces constatations et énonciations, la cour d'appel a pu estimer que, dans les circonstances où elle s'était produite, la rupture par Frebault de sa promesse de mariage "présentait un caractère nettement intempestif et abusif", et décider qu'il devait répondre de sa faute dans les termes de l'article 1382 du Code civil [4].

Les fiançailles ne sont pas un contrat mais peuvent entraîner des conséquences juridiques en cas de rupture « désagréable » ou jugée comme telle par les tribunaux saisis.

On voit que la jurisprudence établit assez facilement la légèreté ou le caprice constitutifs d'une faute de celui ou de celle qui « reprend sa parole ». En général ils ne paieront pas très cher le prix de leur liberté ; le préjudice causé étant le plus souvent matériellement peu élevé dans le premier cas cité plus haut le préjudice subi par Mlle Y a été évalué à 10 000 F, au titre de son préjudice moral.

Si les fiançailles ne sont pas un contrat mais une simple promesse, un problème de preuve se posera à la partie qui s'estime lésée. En la matière, les juges font preuve d'une assez grande souplesse : ils admettent d'autres preuves que les écrits, par exemple, le fait que le mariage avait été annoncé aux proches ou le fait qu'une fête de fiançailles avait eu lieu.

Ainsi, dans le domaine de la promesse de mariage nous nous trouvons à la frontière entre promesse sans conséquences juridiques et fait juridicisable par l'intermédiaire de la responsabilité délictuelle.

4. Civ., 2ᵉ, 2 juillet 1970, *Bull. civ.* 11, nᵒ 235.

C. *Les engagements d'honneur*

La doctrine très rare se borne à indiquer qu'un tel engagement ne saurait produire des effets de droit. Pour le doyen Riper :

> ... l'engagement d'honneur relève du devoir de conscience que le juge ne peut connaître tant qu'il reste un sentiment de l'âme... Il ne s'agit pas d'une obligation civile. Il s'agit d'une obligation naturelle [5].

Pourtant il est incontestable que les *gentlemen's agreement* jouent un rôle important dans le droit et notamment dans le droit engendré par les relations d'affaires : ils permettent une grande flexibilité et présentent une valeur obligatoire très forte semble-t-il aux yeux des parties.

Cette pratique, en outre, laisse l'État en dehors des relations d'affaires, ce qui permettra parfois de placer celles-ci légèrement en dehors du droit existant. C'est une sorte d'autoréglementation dans laquelle les partenaires entendent bien se lier et respecter leur parole, parce qu'ils y auront tous deux intérêt. L'accord n'engage les parties qu'en leur âme et conscience et les tribunaux se refuseraient probablement à le ... prendre en considération, surtout si la règle éventuellement enfreinte est d'ordre public. On peut citer quelques exemples fréquents : les accords anticoncurrentiels ou l'attribution tournante d'une présidence entre groupes d'actionnaires.

Les parties se considèrent comme liées. De plus, le débiteur s'expose, en cas d'inexécution, aux pressions et aux sanctions d'un milieu d'affaires puissant où s'exerce souvent une autorégulation en marge de la légalité.

---

5. « La règle morale dans les obligations civiles », *LGDJ*, 4e éd., 1949 ; sur l'engagement d'honneur, voir Bruno Oppetit, dans Dalloz, « Chroniques », 1979, p. 107 sq.

4. On peut donner d'autres exemples de ces engagements d'honneur :

– *Les accords internationaux* dépourvus d'effets juridiques obligatoires n'engagent pas juridiquement les États mais donnent une orientation politique générale.

– En droit public, *les accords conclus par l'administration avec des agents économiques pour les inciter à agir dans tel ou tel sens.*

– Le juge administratif a souvent considéré que ces accords constituaient un fait juridique susceptible de produire des effets de droit ; en effet, l'intention de l'administration avait pu laisser supposer à l'administré qu'elle s'engageait réellement et causer un préjudice à ce dernier.

– Dernier exemple, *les codes de conduite* qui existent surtout dans les relations internationales. Ils n'ont pas de caractère obligatoire mais jouent le rôle d'un instrument de persuasion morale renforcé par l'autorité des organisations internationales et par la force de l'opinion publique.

Les mobiles de ceux qui se lient sur l'honneur sont variables mais, ce qui est sûr, c'est qu'ils ont voulu échapper au droit étatique sans être pour autant dans l'anomie. Ils ont tenté d'établir une autorégulation qui obéit à ses propres lois. Ceci suppose une *conception pluraliste du droit composé d'un ordre juridique étatique et d'ordres juridiques annexes;*

Mais la seule volonté des parties suffit-elle à les placer hors de la sphère du droit étatique? Autrement dit, quel est le seuil de la juridicité? Entre la promesse, l'engagement d'honneur et le contrat où se situe la frontière?

II. Le seuil mystérieux de la juridicité

Tracer la frontière entre la promesse simple et le contrat produisant des effets juridiques permettrait de donner un début de réponse à cette question du seuil de la juridicité.

Une doctrine quasi unanime définit le contrat comme *l'accord de volontés* destiné à créer des effets juridiquement obligatoires. Le propre du contrat est d'être à la fois obligation et convention : « Dans le contrat les parties promettent et s'engagent » (Pothier).

Les cocontractants auront recours au droit et à son appareil de sanctions quand l'une des parties méconnaîtra son engagement volontaire. C'est bien le problème de la sanction des promesses qui est ainsi posé.

Ou bien le promettant persiste dans la résolution d'assumer le lien qu'il s'est imposé, et le bénéficiaire de la promesse n'a que faire d'une consécration juridique de celle-ci. Le contrat est superflu.

Ou bien la promesse engendre un lien juridiquement sanctionné, mais, par hypothèse, ce lien ne sera consacré que dans le cas où le promettant n'aura pas assumé sa promesse.

Le contrat serait alors – selon la belle formule de Descartes – « un remède à l'inconstance des esprits faibles ». Le contrat serait simplement un moyen de privilégier la sécurité des parties et, en tenant compte de l'éventuelle inconstance ou insincérité des êtres humains, le gage d'une certaine harmonie sociale.

Beaucoup d'auteurs remettent en cause le consensualisme comme fondement des contrats et à juste titre. Dans le contrat de travail, dans le contrat d'assurances, dans certains contrats d'édition, dans les contrats d'adhésion, etc., la volonté libre et autonome de la partie la plus faible sur le plan économique n'est pas toujours au rendez-vous ! La définition même du contrat de travail, par exemple, intègre la notion de la subordination du salarié vis-à-vis de son cocontractant, l'employeur.

Si le consentement n'est pas le fondement de la force obligatoire des contrats, va-t-on dire que le formalisme le serait ? Il paraît difficile de l'affirmer, sachant que certains contrats dont le caractère obligatoire ne fait aucun doute, ne font l'objet d'aucun écrit et que, qui plus est, l'article 1108 du Code civil ne dit rien des modes d'expression du consentement. Rappelons que, dans le droit romain, droit égale procédure. Le pacte nu ne donne naissance à aucune action. Plus tard, sous l'influence du droit canonique, le serment religieux suffit à assurer le fondement du caractère obligatoire d'une obligation. Dès que l'on se place sur le terrain de la conscience, toute personne qui n'exécute pas sa promesse assortie d'un serment est parjure, donc commet un péché mortel. Au XVIᵉ siècle, Loysel écrit: « On lie les bœufs par les cornes et les hommes par les paroles. » Autant vaut une simple promesse que les stipulations du droit romain. Le principe de l'obligation des contrats par le simple effet de la promesse triomphera aux XVIIᵉ et XVIIIᵉ siècles avec Domat et Pothier. L'idée de la valeur morale de la promesse brise le formalisme.

Une fois relativisés le consensualisme et le formalisme comme fondements de la valeur obligatoire des contrats et donc de leur caractère juridique, peut-on trouver d'autres éléments qui nous aideraient à mieux cerner le seuil de la juridicité? Peut-être la jurisprudence peut-elle nous donner un début de réponse.

En droit civil le juge ne se considère pas comme automatiquement lié par l'intention proclamée par les parties de priver leur accord de toute valeur obligatoire et donc de sanction judiciaire.

Pourrait-on dire alors que l'État tolère le hors droit uniquement quand il estime que ses intérêts ou sa vocation ne sont pas compromis? Dans le cas contraire il tenterait de réintégrer dans son orbite les activités qui prétendraient s'y soustraire. En réalité, la force obligatoire du contrat procède non de la seule volonté du promettant mais des conséquences que le droit tire de l'accord intervenu : ce dernier se borne à créer une situation objective à laquelle le droit confère un caractère juridique en accordant une action au créancier.

Il faut aussi se demander par quel mécanisme la volonté se donne sa propre loi dans le contrat?

Certains philosophes ont songé à déplacer l'action créatrice de la volonté vers son expression: *la parole. C'est la théorie des Actes de langage*[6]. Si je dis «je promets de vous payer mille francs», je suis *ipso facto* engagé. Les mots sont performatifs. Mais pour reprendre l'interrogation de Jean Carbonnier, «le juriste se demande : n'est-ce pas parce qu'il y a un témoin pour m'entendre?»[7]

Pour d'autres, notamment Gorla[8], ce qui fait la force obligatoire du contrat c'est *la confiance* du créancier non la promesse du débiteur.

Voici donc revenue la confiance... mais là encore le soupçonneux juriste s'interroge :

> On n'a pas tout dit du consentement quand on a dit qu'il est sympathie et sourire d'un être humain à un autre. Le sourire ne dure pas toujours et les difficultés restent au juriste.
>
> (J. Carbonnier.)

Imperceptiblement nous sommes revenus à l'idée de *sécurité insuffisante dans la promesse seule*. Le critère de la juridicité serait alors *la contrainte*. Cette contrainte s'exercera par l'intermédiaire des tribunaux quand apparaîtra ce que l'on nomme en *Common Law* la *considération*, c'est-à-dire une contrepartie, un prix, une rétribution, quelle que soit la valeur de cette contrepartie: un grain de poivre peut servir de considération à l'obligation de payer une Rolls Royce.

L'échange renforce la confiance. La jurisprudence anglo-saxonne s'oriente vers une protection de la confiance que l'on peut résumer ainsi: une promesse même dépourvue de formes et faite à titre gratuit engage, si elle a suscité chez le bénéficiaire confiant une modification importante et

---

6. John R. Searle, *Speech acts*, 1960.
7. Jean Carbonnier, *Droit Civil*, t. 4, *Les Obligations*, 1988, p. 57.
8. G. Gorla, *Le contrat dans le droit continental et en particulier dans le droit français et italien,* Turin, 1958.

définitive de sa situation et si la réaction du bénéficiaire était prévisible de la part du promettant. En droit français on pourrait rapprocher cette théorie de la théorie de la *cause* ou du motif raisonnable. Par exemple, le salarié que l'on fait démissionner de son précédent poste, déménager dans une autre ville après une promesse d'embauche ferme mais non écrite, peut mettre en cause la responsabilité du promettant qui n'exécute pas son obligation. On peut se moquer de la naïveté du salarié, mais rendre hommage au juge qui sanctionne l'employeur en l'absence d'écrit.

L'étude de la promesse est passionnante pour le juriste parce qu'elle l'oblige à se poser cette question : où commence le droit ? Il est évident que la plupart des promesses exécutées ou non échappent à tout contrôle judiciaire, et heureusement. Mais cela ne doit pas pour autant nous conduire à une différenciation qui opposerait de manière simpliste la violence du contrat à la douceur de la promesse ! Ou encore le non-droit, repère de l'équité, de la bonne foi et de la confiance, et le droit domaine de la méfiance, de la brutalité et de l'injustice ! On peut dire que la promesse non juridicisée et le contrat sont créateurs du rapport à l'autre par l'intermédiaire de l'échange mais aussi de la bonne foi[9].

RÉGINE DHOQUOIS
Université Paris 7

9. Sur le thème de la promesse, voir aussi : Alex Weill et François Terré, *Les Obligations*, Dalloz, 1980, p. 27 et sq. ; K. Zweigert, « Du sérieux de la promesse », *Revue internationale de droit comparé*, 1964, p. 35 ; Roger Nerson, « Jurisprudence française sur les promesses de mariage », *Revue trimestrielle de droit civil*, 1981, p. 129.

SIGNATURE ET PROMESSE

L'ENGAGEMENT DU SUJET

La signature appartient au monde des formes juridiques : elle valide d'un point de vue formel des engagements. Son appartenance à un ordre juridique donné, au sein duquel elle est apparue et s'est imposée, est essentiel. Elle participe d'une certaine conception de la promesse et caractérise le passage d'un régime de droit coutumier à celui du droit écrit.

D'un point de vue général, la promesse a fait l'objet de nombreuses réflexions de la part des philosophes du droit. On retiendra ici les analyses de Hume[1] et de Rawls[2] qui aident à clarifier le statut de la signature comme forme.

Hume établit une série de différences tout à fait utiles entre la promesse d'une part, la résolution, le désir et la volonté d'autre part. Ainsi, on peut décider d'accomplir une action, être résolu à la faire sans pour autant qu'il s'agisse d'une promesse. La promesse apporte quelque chose de plus à la résolution.

La promesse est, aussi, différente d'un désir parce qu'on peut promettre sans désirer.

---

1. D. Hume, *Traité de la nature humaine*, trad. fr. André Leroy, Paris, Aubier, 1946.
2. John Rawls, *Théorie de la justice* (1971), trad. fr. C. Audard, Paris, Éd. du Seuil, 1987.

Enfin, la promesse est différente de la volonté car, dit Hume, la volonté s'exerce dans le présent et la promesse porte sur le futur. On assiste donc à la mise à l'écart de ces trois concepts : la résolution, le désir, la volonté pour mettre en évidence la notion d'obligation. Ce qui caractérise la promesse c'est une volonté de s'obliger.

Rawls analyse la promesse dans un chapitre de son ouvrage *Théorie de la justice* intitulé « Devoir et obligation »[3]. A cette occasion il précise ce qu'est une obligation. L'obligation résulte d'un acte volontaire (le sujet doit être en pleine possession de ses moyens), elle est définie par une institution (on touche ici au statut social de la promesse) et troisième point, l'obligation s'adresse à des personnes précises.

Deux aspects de la promesse dominent l'analyse de ces deux penseurs du droit, Hume et Rawls :

– d'une part, le fait que la promesse est une institution. Elle est donc régie par des règles ;

– d'autre part, le fait que la promesse est caractérisée par l'obligation qu'elle crée.

Donc l'acte que réalise une promesse c'est de créer une obligation.

On a peut-être trop tendance, quand on s'interroge sur la promesse, à privilégier la notion d'acte différé. En effet, la promesse porte sur une action que je vais accomplir, que je promets d'accomplir, mais l'action de la promesse n'est pas cela. L'action de la promesse c'est la création d'une obligation. C'est à ce sujet que Hume évoque le caractère mystérieux de la promesse :

> … c'est l'une des plus mystérieuses et des plus incompréhensibles opérations qu'on puisse sans doute imaginer et l'on peut même la comparer à la transsubstantiation ou à l'ordination, où une certaine formule verbale conjointe à une certaine intention, change

3. John Rawls, *op. cit.*., p. 375-437.

entièrement la nature d'un objet extérieur et même celui d'une créature humaine [4].

Dans notre perspective d'analyse, celle de la signature comme forme et de la promesse comme institution, il faut rappeler que la promesse est, à priori, pour les juristes, une certaine formule verbale par laquelle nous nous engageons à accomplir une action. La notion de formule me paraît essentielle. Une formule c'est exactement, selon Benveniste [5], ce qui constitue le droit, le *jus*. Or, la formule est une façon de montrer quelque chose pas seulement de dire quelque chose. Ce qu'apporte la formule en plus d'un dire c'est une visibilité. Ainsi, c'est à deux types de réalités que renvoie la notion de promesse considérée sous l'angle de son formalisme : le dire et le montrer. S'il n'y a pas de montrer, il n'y a pas de formule. De ce fait l'analyse ne peut pas être seulement linguistique, au sens restreint du terme.

La signature : définition actuelle

Partons de la définition juridique de la signature. Il s'agit de « l'apposition autographe du nom patronymique dégagée du contexte ». Ceci est la définition donnée en droit français. D'autres définitions existent peut-être. La notion de nom patronymique par exemple n'est pas nécessairement la base du système anthroponymique de tous les pays qui utilisent la signature. Il peut y avoir ici ou là des variantes à la signature telle que nous la pratiquons.

On peut raisonnablement partir de cette définition de la signature. Elle indique parfaitement le caractère hybride de la signature, signe fait de dire et de montrer, et elle explicite

4. Hume, *Traité... op. cit.*, p. 644.
5. E. Benveniste, « Le droit », *Le vocabulaire des institutions indo-européennes*, t. 2, Paris, Éd. de Minuit, 1969, p. 99-175.

comment ce signe permet au sujet de s'engager, ce dernier point étant le plus important dans le cadre de ce colloque.

Notons que les modalités de l'engagement sont historiquement variables et variées. La signature n'est qu'une de ces nombreuses modalités, relativement récente puisqu'elle s'impose légalement au XVIe siècle. Elle existait auparavant mais elle n'était pas l'unique formule et elle n'était pas obligatoire.

La définition actuelle dont nous partons rassemble une série de notions que je me propose de commenter une à une.

L'apposition

La notion d'apposition est peut-être la plus difficile à rationaliser. On dit « apposer une signature », on ne dit pas écrire ou inscrire. Le terme « apposer » connote une certaine gestualité. Il y a en effet dans l'histoire du formalisme juridique et notamment dans l'histoire de l'engagement toute une série de gestes qui servent à accompagner la prononciation d'une formule. Il s'agit par exemple pour les chrétiens de mettre sa main sur les Livres saints ou encore dans le cadre plus ancien du serment en Grèce de toucher un objet considéré comme sacré, objet qui confère au serment que l'on fait une inscription dans un espace sacré. A Rome également on fait des gestes en même temps que l'on prononce une formule. La notion d'apposition correspond en fait à une nécessité récurrente : le langage n'est pas suffisant pour promettre. Il faut qu'il y ait aussi un *acte non verbal* – contact, geste – quelque chose de visible. Pour signifier le sacré et donc l'invisible il est nécessaire d'utiliser des signes visuels.

Sur cette notion de sacré une simple remarque : en Grèce, lorsqu'on touchait un objet pour prêter serment, en fait, on faisait appel à une malédiction possible. Le serment mettait en branle un ordre céleste et dangereux susceptible de se retourner contre celui qui ne respecterait pas sa promesse. L'apposition, parce qu'elle porte l'acte de promesse dans le champ du sacré, renvoie à une punition potentielle. La personne qui promet s'expose à être punie et se met à l'avance en état d'inculpation, va jusqu'à dire Benveniste[6].

Du point de vue chrétien, et notamment dans les actes français du Moyen Age, ce type de référence à une instance supérieure et sacrée est tout à fait présent dans les actes. C'est ce qu'on désigne sous le nom de clauses comminatoires : il s'agit de formules placées à la fin des chartes où sont décrites toutes les catastrophes qui vont s'abattre sur ceux qui dérogeraient à l'accord qui vient d'être passé. L'utilisation de croix au début des chartes ou dans les souscriptions ont une signification analogue.

La notion d'apposition est donc extrêmement anodine actuellement par rapport à ses développements antérieurs. Mais le fait que, dans cette forme très moderne d'engagement qu'est la signature, subsistent des traces de ces pratiques doit être noté.

L'autographie

Voici une notion qui est, elle, tout à fait actuelle, à laquelle nous sommes très sensible. L'autographie est un mode d'inscription caractérisé par le fait que c'est soi-même qui écrit : « auto-graphe », soit « écrit par soi-même ».

Historiquement, l'autographie est une pratique qui n'est pas du tout courante, ni même valorisée dans les pratiques de validation juridique au moins jusqu'au XVIe siècle où la signature s'impose. On a des traces d'obligation à l'autographie dans deux cas : à Rome, et il semble que ce soit là le

---

6. E. Benveniste, *Vocabulaire...*, *op. cit.*, t. 2, p. 172.

début de cette pratique, le testament doit être souscrit de façon autographe par celui qui l'établit.

La formule romaine consiste à écrire de sa main, sous son testament, cette formule verbale : *subscripsi*, « j'ai souscrit ». Arrêtons-nous un instant sur cet énoncé. Il s'agit d'un performatif idéal. Car, d'une part, il décrit exactement ce que l'on fait : on écrit bien en dessous, on sous-crit ; et, par ailleurs, il a un effet de validation du document. Ce qu'il y a de remarquable dans cet ancêtre de la signature c'est qu'il est tout à la fois purement linguistique et purement déictique.

La présence du sujet dans cette formule est double. Elle est dans l'autographie, mais elle est aussi dans la marque grammaticale -*i*, première personne du singulier. On a bien ici un déictique utilisé en fonction performative.

Pendant le Haut Moyen Age, les scribes, les chanceliers, les personnes responsables des actes, ceux dont la souscription a une importance particulière vont se mettre à développer autour de cette finale -*i*, marque du sujet, des graphies extravagantes. Ainsi cette formule *subscripsi* qui est neutre, dans laquelle le sujet est représenté uniquement par une marque grammaticale, cette formule va être personnalisée par la graphie. L'aspect codifié, banal du « je » grammatical est annulé au profit d'une individualisation du signe grâce au tracé.

Ceci nous amène à la question du nom propre que nous évoquerons plus loin. Le nom propre, pendant toutes ces époques, n'est qu'une mention. Le signataire du testament romain, par exemple, va écrire *subscripsi* de sa main, mais c'est le notaire qui écrira son nom. L'inscription de son propre nom n'a pas une importance particulière, c'est *subscripsi* qui est important.

Le testament est un type d'engagement, de promesse tout à fait particulier. Le sujet qui s'engage dans le testament s'engage non seulement dans le futur mais au-delà de sa propre vie. Le pouvoir de l'acte qu'il rédige ne sera réel que lorsqu'il sera mort. Il s'engage en tant que mort.

On peut donc dire que le premier type d'engagement qui implique un régime d'écriture particulier, c'est-à-dire l'autographie, est un engagement de soi en tant que mort. Ceci s'accorde bien avec l'idée des écrits qui restent et des paroles qui passent, maxime qui, loin de mettre en doute comme on le croit souvent la valeur de l'oral, est surtout un rappel fait au sujet de sa condition de mortel. Il y a là l'idée d'une possibilité d'expression de soi au-delà de sa propre mort.

L'autre cas connu d'engagement autographique, c'est celui de l'engagement des moines prescrit par la règle de saint Benoit établie au VIe siècle. La coutume est de demander à ceux qui veulent rentrer dans l'Ordre de s'engager de façon autographe.

> De sa promesse il dressera un acte écrit, au nom des saints dont les reliques sont en ce lieu et au nom de l'abbé présent. Il écrira cet acte de sa main, et s'il est illettré un autre, à sa demande, l'écrira, le novice lui-même signera et le posera de sa main sur l'autel,

telles sont les règles.

On voit donc que l'usage de l'autographie au sein d'un rituel d'engagement relève tout à la fois de traditions religieuses et juridiques.

L'obligation de signer de sa main tous les actes notariés intervient on l'a dit au XVIe siècle. C'est la première fois qu'une prescription portant sur un mode d'écriture est ainsi arrêtée de façon générale. Non seulement avec la signature l'autographie devient un mode constant d'engagement, mais aussi s'installe le clivage entre savoir signer et savoir écrire. C'est-à-dire qu'on ne demande pas aux contractants de savoir écrire, on leur demande de signer. Ceci renforce l'aspect gestuel de l'apposition, cette composante tactile qui fait de l'acte de signer un acte de toucher.

Le nom patronymique

Le nom de famille tel que nous le connaissons s'est stabilisé à l'époque moderne. Il s'agit d'une construction qui apparaît à partir du XIIᵉ siècle et qui va s'imposer progressivement, assez lentement. En obligeant les gens à signer, obliquement, on les oblige à avoir un nom patronymique. Il s'agit d'un effet secondaire certes, mais qui indique l'appartenance de la signature et du patronyme héréditaire à un ordre commun, celui du droit écrit.

Par ailleurs, la signature propose une façon d'écrire un nom, autographe, et ce mode d'inscription est revêtu d'une certaine fonction, fonction de validation et d'engagement.

De ce point de vue, la signature prend place dans une histoire particulière, celle de l'inscription des noms propres dont elle est l'un des avatars. Sous son aspect relativement nouveau et novateur elle participe donc d'une histoire ancienne qui est tout à la fois esthétique et politique. Le souci d'inscrire des noms propres est lié à la volonté d'afficher un nom, à la nécessité d'une publicité politique. La tradition de transformer le nom du souverain en marque a donné lieu, et continue à le faire, à toutes sortes de créations graphiques.

Avec la signature c'est le nom de chacun qui est visé. Le phénomène très contemporain de la griffe, signature devenue marque publicitaire, est l'aboutissement logique de cette potentialité inhérente au signe. Pour s'en tenir au domaine juridique, on peut dire qu'en assurant la publicité de son propre nom, le signataire contribue à l'affichage de son engagement.

«Dégagée du contexte...»

La notion de souscription exprimée dans le verbe *subscripsi*, littéralement «écrire dessous» indique ce détachement. De cette façon on définit, sur l'espace d'une page et par rapport à une page écrite (on ne signe pas une page blanche, en principe) on définit un lieu d'inscription. On ne peut pas signer n'importe où, et ceci pour des raisons diverses.

Tout d'abord il faut éviter de confondre la mention d'un nom et la signature. Mais, surtout, il convient d'assurer à la signature une bonne visibilité. La signature est en général inscrite dans un espace blanc, ce qui lui confère une certaine mise en valeur.

L'expression « dégagée » du contexte sollicite un commentaire supplémentaire : l'idée d'un dégagement est-elle significative vis-à-vis de celle de l'engagement dont nous suivons ici les contours ? Est-il important de noter que le signe par lequel on s'engage à faire quelque chose, ce quelque chose étant précisé dans un texte, doit être mis à l'écart de ce texte ? Ce que matérialise cet écart peut être en effet tenu pour fondamental. Il s'agit de mettre en valeur la différence entre le sujet contingent qui est celui du texte, celui qui énonce le discours, celui qui s'engage à faire ceci ou cela, et cet autre sujet, notifié par la signature. Le sujet signataire est celui qui a le pouvoir de valider un acte juridique. Il représente la capacité juridique du sujet dégagé des circonstances particulières de tel ou tel engagement. C'est en ce sens qu'il est hors contexte. C'est également ce que signifie cette autre règle d'or de la signature, sa reproductibilité puisque, en principe, la signature reste toujours la même quelles que soient les variations du contexte.

La répétition

L'idée de stabiliser la forme de la signature et d'obliger les sujets à reproduire toujours le même signe s'est vite imposée. Cette nécessité d'une reproduction du même signe s'accorde bien avec le pari sous-jacent à toute promesse, à tout engagement qui est que je vais être le même lorsque l'échéance va arriver de tenir la promesse. C'est la permanence du moi qui est visée dans la possibilité de la promesse. Elle est signifiée par cette coutume selon laquelle il faut répéter le même signe, c'est-à-dire qu'il faut être capable de faire toujours la même chose. On sait que cette contrainte a une importance particulière dans les cas d'expertise.

En développant cette contrainte on crée inévitablement un espace intertextuel qui permet de regrouper tous les papiers signés par individu par exemple. Il y a là création d'un groupe d'écrits validés par quelqu'un qui permet de vérifier que sa signature est bien la bonne, parce que, finalement, si on n'a qu'un seul écrit validé par un scripteur, on ne peut pas vérifier qu'elle est bien la sienne. Il faut qu'il y en ait plusieurs.

La reproductibilité de la signature apporte la garantie de son expertise.

Au terme de ce commentaire sur la définition de la signature, signe tangible de l'engagement d'un sujet, les aspects importants du signe sont plus clairs. Dans l'élection de ce signe, on a vu qu'un certain nombre de contraintes étaient à l'œuvre. Une contrainte d'apposition qui détermine un espace qui n'est ni celui de l'écrit ni celui du sens mais celui d'une gestuelle. On a parlé également d'une contrainte de l'autographie qui engage d'une façon physique : on écrit de sa main, on a donc été là. L'autographie prouve la présence. Par ailleurs, la médiation du nom patronymique renvoie à l'usage de donner son nom en gage. On dit « tenir sa parole », on dit aussi « honorer sa signature ».

Le dégagement hors contexte du signe assure sa visibilité graphique, mais aussi induit la création d'un espace particulier dans lequel le sujet juridique peut s'engager à l'infini.

BÉATRICE FRAENKEL
Centre d'Étude de l'Écriture

LA PROMESSE D'ÉCRITURE

Par promesse d'écriture, j'entendrai principalement ici l'engagement pris par un auteur envers un éditeur (ou rédacteur de revue, etc.), et ses formes institutionnelles, en premier chef le contrat d'édition.

La promesse d'écriture répond aux principaux requisits rassemblées par Searle dans *Les actes de langage* (Hermann, 1972, p. 97 sq., et 104 sq.), et repris dans le tableau dressé par Kasper N. Olsen:

1) La chose promise est désirée par le destinataire, et le locuteur sait qu'elle est désirée.

2) La promesse suppose que la réalisation de l'acte ne va pas de soi, n'est pas en cours, ne porte pas sur le passé. Remarquons tout de suite qu'entre autres objections possibles, la promesse d'écriture porte dans une certaine mesure sur le *passé* et que c'est un de ses côtés problématiques.

3) La promesse doit être "sincère", c'est-à-dire qu'au moment où il promet, le locuteur a l'intention d'exécuter l'acte et se croit en mesure de le faire. Critère d'une fausse limpidité (qui sondera les intentions, surtout les bonnes, dont l'enfer est dit-on pavé?), mais relativement opérant ici.

Ajoutons que les rapports auteurs-éditeurs ressemblent à une histoire d'amour, comme on aime à le rappeler au moment des prix littéraires en France, y ressemblent, donc, au moins par la place qu'y tiennent la promesse et sa violation. Suivons-en les principales modalités, en allant du mariage indissoluble (la cession globale des œuvres) aux mariages à l'essai (contrat de préférence, contrat pour une œuvre donnée) jusqu'au divorce et à ses conditions.

Le mariage indissoluble

Ou – on verra pourquoi – les éternelles fiançailles...

En France, jusqu'à la loi de 1957, plus exactement depuis la loi Jean Zay de 1938, l'éditeur restait libre de conclure avec chaque auteur un accord de *cession globale* de ses œuvres futures. A rebours, l'éditeur s'engageait à publier et diffuser ces œuvres à venir dans des conditions et délais normaux. Montherlant a pu ainsi rompre ses épousailles avec Bernard Grasset devant les tribunaux, entre 1951 et 1953, parce que Grasset n'avait pas réédité ses livres épuisés, et avait, globalement, laissé l'œuvre au placard[1].

De son côté, l'auteur vend sa récolte sur pied, ou en graines. A la limite, il se vend lui-même comme un terrain fertile. Balzac parle de l'exploitation de ses « champs céré-braux, vignes littéraires et bois intelligentiels[2] ». Ou comme une vache pleine (lettre à Zulma Carraud : « J'irai sans doute accoucher à Frapesles... »). Comme une serre, comme un magasin d'embryons, Balzac encore à l'éditeur Schlesinger :

> Je ne vous dirai pas que la *Femme supérieure*, violemment réclamée par *La Presse* se débat dans son bocal, que *César*

1. Sur les procès Montherlant, voir *Actes* n° 43-44, mars 1984, p. 7-9. Dans le même sens, le tribunal civil de la Seine a condamné Gallimard pour avoir refusé d'éditer *La Victoire mécanicienne* de Pierre Hamp, alors que l'éditeur s'était engagé à publier ses œuvres complètes, par convention verbale du 3 juillet 1934 : « En présence d'un contrat aussi général, l'éditeur avait la gestion du patrimoine intellectuel de l'auteur » (Dalloz hebdomadaire, 1952, p. 429 ; voir Henri Desbois, *Le droit d'auteur en France*, édition de 1978, p. 646).

2. Balzac, *Correspondance*, édition Roger Pierrot, Garnier, 1965, t. II, p. 739, lettre à Zulma Carraud du 26 octobre 1835.

Birotteau, voulu par *Le Figaro*, crie sous sa cloche, et que *Gambarra* n'en est pas encore arrivé à chanter une ariette, attendu que son larynx est à faire[3].

Arrêtons-nous un moment sur une cession globale des œuvres futures qui a, en son temps (1836-1850), passionné les milieux littéraires et mondains : le contrat entre Chateaubriand et la société par actions dirigée à l'origine par les frères Pourrat, pour les *Mémoires d'outre-tombe* et « tout ce qui sortira de sa plume[4] ». Chateaubriand y vend à la fois sa force de travail et la promesse de mourir, qu'il n'était pas alors tout à fait décidé à tenir (« J'ai hypothéqué mon tombeau pour vivre », dira-t-il peu après). Il s'agissait bien en effet d'une sorte de viager qui fit à l'époque la joie des petits journaux satiriques. Les multiples difficultés survenues ensuite dans l'exécution du contrat suscitèrent un mouvement de critique, et contribuèrent à la gêne croissante des tribunaux devant ce type de contrat. Il sera limité par la jurisprudence, puis frappé de nullité sur la base de l'article 1780, 1er paragraphe, du Code civil, qui interdit d'engager ses services à vie.

Manière d'esclavage, sans doute, à deux réserves près. Un, ce n'est pas un louage de services avec *subordination* juridique, l'éditeur a plutôt un droit de préemption perpétuel. Deux, ce contrat ne comprend pas en soi de délai fixe, ni même, *stricto sensu*, d'*obligation de faire*[5]. Pour les arts plastiques, Philippe Vergnaud expliquait, en 1958, qu'un contrat de ce type, assorti de mensualités régulières pour le peintre ou sculpteur donne au marchand ou au directeur de galerie la possibilité de résilier le contrat, s'il n'y a pas

3. Lettre n° 1248 du 29 mai 1837, *Correspondance*, t. III, p. 211.

4. Sur l'affaire des *Mémoires d'outre-tombe*, voir Marie-Jeanne Duffy, *La vieillesse de Chateaubriand, 1830-1848*, Paris, Le Divan, 1933, t. I, p. 224-252.

5. Le contrat de Balzac avec Delloye, Lecou et Bohain stipule tout de même que Balzac s'engage « *à moins d'impossibilité physique reconnue*, de continuer son œuvre en fournissant au moins six volumes par an pendant six années consécutives » , *Corr.* t. III, p. 175.

d'œuvre, mais non d'exiger des dommages et intérêts. Sauf si la mauvaise foi peut être prouvée, par exemple si l'artiste part deux ans en voyage sans emporter ses pinceaux... Et encore... Peut-être a-t-il regardé?[6]

La loi de 1957 sur la propriété littéraire et artistique stipule donc à l'article 33 que «la cession globale des œuvres futures est nulle».

Ce qui reste licite, c'est le *droit de préférence* (art. 34) pour cinq œuvres à venir du même genre que celle que l'éditeur a déjà prise en charge. Ce dernier bénéficie en fait d'un droit de préemption. En cas de refus de sa part, l'auteur peut retourner sur le marché, comme la libre poule dans le libre territoire des renards. Dans sa première rédaction, l'article 34 prévoyait rondement un droit de préférence au bénéfice du premier éditeur pour dix ans, ou dix ouvrages du même type[7]... Dix sonnets, ou dix *Recherche du temps perdu*? La question du genre est d'ailleurs elle-même litigieuse. Dans l'affaire Viansson-Ponté, l'auteur, lié aux éditions Gallimard par un contrat de préférence pour des œuvres journalistiques, a allégué qu'un de ses ouvrages édité ailleurs, était historique et non journalistique[8]. L'avisé éditeur a alors astucieusement retourné contre lui une préface où Viansson-Ponté se disait modestement «moins historien que journaliste du temps passé».

Dans les débats autour de la loi Jean Zay, déjà, les éditeurs ont été très échauffés par cette limitation du droit de préférence qui contrecarrait le rêve bien résumé par la formule de l'«écurie littéraire». Les tribunaux, en général, veillent à ce qu'ils ne reconstituent pas, par d'autres moyens, le mariage à vie – à la vie et à la mort d'ailleurs – au moins

---

6. Cf. Philippe Vergnaud, *Les contrats entre peintres et marchands de tableaux*, Bordeaux, Rousseau frères, 1958, p. 67.

7. Henri Desbois, *Le droit d'auteur*, 1978, p. 652-653.

8. Affaire commentée entre autres par Michel Dagot, *Le Pacte de préférence,* Litec, 1988.

pour cinquante ans après que l'auteur a franchi le peu profond ruisseau.

Le tribunal de grande instance de Paris a annulé le 1er juillet 1971 un contrat par lequel un éditeur astucieux avait fait resigner à l'auteur un nouveau pacte de préférence à son deuxième ouvrage[9].

Si, à ce point de notre parcours, nous comparons cession globale des œuvres futures et pacte de préférence, nous voyons que la promesse de l'auteur s'est déplacée de l'engagement du sujet producteur, couveur, pondeur ou fructifère à celui d'un objet plus ou moins bien défini. Nous nous approchons là du cas suivant.

Mariage à l'essai : le contrat ponctuel

Selon l'actuel article 1108 du Code civil, il ne peut y avoir de convention sans un objet certain. A cet égard, la promesse d'une œuvre future se tient sur une limite juridique[10].

Lorsqu'on promet une œuvre à venir, que vend-on? ou, plus précisément, que donne-t-on en gage (voir plus loin l'exposé de Carsten Juhl), qu'est-ce qui vaut à la fois comme identification et comme acompte?

Je laisse hors investigation la promesse atypique faite par Alexandre Dumas à Émile de Girardin, directeur de *La Presse* et éditeur, celle de n'écrire *pas plus* de neuf volumes par an[11].

Plus ordinairement, on promet par exemple un specimen d'un genre : « une cantate par dimanche » (contrat de

9. *Gazette du Palais,* 1971, 2, 70.
10. Gustave Huard, *Traité de la propriété intellectuelle*, Paris, Marchal et Hillard, 1903, p. 115.
11. *Gazette des tribunaux*, 6 février 1847.

J.S. Bach à Leipzig), « un roman historique », « un ouvrage pédagogique », un « volume de vers ».

Armand Pérémé, un des éditeurs passagers de Balzac lui écrivait le 9 décembre 1838 : « On n'achète pas, vous le savez, un *lièvre dans un sac* ». Les contours de l'objet littéraire promis ne sont pourtant pas toujours plus dessinés que ceux du léporide apporté par le braconnier. Ce peut être un *titre* [12], souvent. Lettre d'Abel Ledoux à Balzac : « Il reste convenu que vous me vendez la première édition du tome troisième des *Contes drôlatiques* dont vous m'avez lu les titres » [13]. Mais comme on le sait, le « grand prometteur », (ainsi baptisé par Charles Rabou [14]) vendait souvent des sacs sans lièvre. L'histoire est connue par le *Mémoire judiciaire* furibond rédigé par la suite par l'éditeur bredouille[15] : Mame vient en banlieue plein d'espoir pour rapporter enfin le *Médecin de campagne*. Balzac lui avait écrit : « Il est fait. » Il est promené, abondamment nourri (mais de viandes terrestres...), amusé et reconduit comme Monsieur Dimanche avec... les titres de chapitres en guise de *fulfilment*.

Dans la même logique du « remplissage », Hippolyte Auger proposera, lui, à Balzac, de trouver une fable pour étoffer le titre d'une pièce vendue d'avance par lui, et le titre est : « Le chameau reconnaissant »[16]. Balzac reculera devant la tâche...

Mais on peut vendre aussi une quantité pure. Contrat de Balzac avec la *Revue de Paris* [17] : « M. de Balzac sera tenu de fournir par mois à la *Revue de Paris* la valeur de quarante pages de la Revue, imprimés en caractères dits philosophie ». Etc.

12. H. Desbois, *op. cit.* , p. 649, n° 538.

13. *Corr..*, II, p. 325, lettre du 29 juillet 1833.

14. Balzac, *Corr..*, t. I, p. 514.

15. Republié dans Balzac, *Œuvres complètes*, Club de l'Honnête Homme, t. XVI, 1960, p. 532 sq.

16. *Corr.*, t. III, p. 435, lettre 1367 du 6 septembre 1838.

17. *Corr.* t. II, p. 102, lettre de Balzac à sa mère, n° 524.

A la différence des précédents, ce type de contrat est gouverné par le paramètre temporel dont Per Aage Brandt a rappelé plus haut la pression.

Même lorsque le délai n'est pas déterminé ni inscrit, il y a, comme le rappelle Jean Rault, des *usages* pour l'édition[18]. L'ouvrage doit paraître dans un délai tel que l'éditeur «puisse retirer du contrat le bénéfice qu'il en pourrait normalement espérer». Il était précisé dans la loi allemande sur la propriété littéraire de 1791 [19] que l'ouvrage devait être livré à temps pour paraître avant la foire de Leipzig. En France, un arrêt du 14 février 1908 a codamné un auteur qui n'avait pas livré pour novembre un livre d'étrennes destiné au nouvel an suivant. Un des records du délai prolongé semble être détenu par Anatole France qui fit attendre son *Histoire de France*, à l'éditeur Lemerre, pendant vingt-cinq ans [20].

Autour du délai s'instaure une négociation, ponctualité contre qualité. Balzac encore à Alphonse Levavasseur, à propos de *La Physiologie du mariage* :

> Je suis tout prêt à envoyer la copie nécessaire pour terminer le 15, si vous voulez, mais ce serait l'assassinat le plus odieux que nous eussions, vous, Canel et moi, commis sur un livre [...] L'auteur de cet ouvrage-là est entre un succès et l'échafaud entre chaque ligne. [21]

18. Jean Rault, *Le contrat d'édition en droit français*, Dalloz, 1927, p. 236.

19. Henri-Jean Martin, *Histoire et pouvoirs de l'écrit*, Perrin, 1988, chap. VIII.

20. Le contrat fut rompu par le tribunal le 4 décembre 1911, voir le commentaire d'Henri Desbois, *op. cit.*, p. 486.

21. *Corr.* II, p. 533-534. Inversement, l'éditeur Souverain à Balzac (*Corr.* III, p. 533-534), le 14 janvier 1839, à propos d'*Une fille d'Ève* : «Je crois que vous avez coupé le cou à bien des choses pour avoir terminé si vite.»

Dans cette négociation se joue évidemment la victoire ou la défaite, ou le compromis, d'ailleurs, entre la chronologie du destinataire et celle du destinateur de l'énoncé prometteur.

Et pour poser la même question en des termes plus étroitement juridiques : la promesse d'écriture est-elle ou non *potestative* ?

L'article 1170 du Code civil définit comme condition potestative

> celle qui fait dépendre l'exécution de la convention d'un événement qu'il est au pouvoir de l'une ou de l'autre des deux parties contractantes de faire arriver ou d'empêcher.

Et l'article 1174 frappe de nullité une obligation contractée sous une condition potestative *de la part de celui qui s'oblige*, mais pas l'inverse. Concrètement, est frappée de nullité la proposition : « Je ferai ceci *si je le veux bien* ». Mais le bénéficiaire peut dire : « Vous le ferez si j'en ai besoin (ou envie ?) »

Toutefois, le Code Civil admet ce qu'il dénomme « condition *simplement* potestative » (la précédente était, si le lecteur nous suit encore, *purement* potestative). le terme « simplement potestative » suppose *à la fois* une manifestation de volonté de l'intéressé (du « prometteur »), et un événement extérieur qu'il n'est pas toujours libre de provoquer. En écho, en regard, mettons cette phrase d'André Breton :

> … l'événement dont chacun est en droit d'espérer la révélation du sens de sa vie, cet événement que peut-être je n'ai pas encore trouvé, mais sur la voie duquel je me cherche, n'est pas au prix du travail.[22]

---

22. *Nadja*, 1928, p. 67-68.

En style plus rustique, on peut transférer à la promesse d'écriture ce dialogue de Charlotte et Pierrot dans le *Dom Juan* de Molière :

> P. – Promets-moi que tu tâcheras de m'aimer davantage.
> Ch. – J'y ferai tout ce que je pourrai, Pierrot, mais faut qu'ça vienne de lui-même.

Pour secourir le *non possumus* de l'écrivain, *lieu* plutôt que sujet d'un travail qu'il ne peut déclencher à volonté, on invoquera éventuellement le rôle créateur, constructif, inchoatif de la promesse. Elle commence le mouvement de détachement de l'œuvre hors du « sujet ». Elle instaure une dynamique temporelle. Ce dont l'éditeur s'autorise pour se présenter comme l'accoucheur de l'œuvre annoncée, et, selon les configurations locales, oncle, mère ou père du livre [23].

Face prosaïque et faussement simple, le mécanisme de la dette chez Balzac : « les embarras que m'a suscité cette maison m'ont donné les restes d'énergie avec lesquels je vais achever ma tâche » [24]. A plus large échelle : il écrit pour effacer les 120 000 francs de sa faillite d'imprimeur (dette impliquant et réquisitionnant sa « mère » réparatrice, Mme de Berny, et pour mieux faire encore, le fils de celle-ci). Non pas pour constituer un plein, l'œuvre, mais pour retrouver un vide, dette apurée, éventuel travail sans échéance. « Déblayer », « débarrasser », dit-il. *César Birotteau*, si longtemps annoncé, histoire en abîme d'un failli qui paie ses dettes, lui est finalement arraché par la nécessité de payer les « effets Duckett », des traites qui le menacent avec des intérêts accumulés et dont il faut nettoyer la ville [25]. Même dynamique, version *cool*, et même un peu trop domestique

---

23. Métaphores examinées pour la première partie du XIXᵉ siècle, dans Annie Prassoloff, *Littérature en procès*, thèse EHESS, 1989, chap. VII.
24. Lettre à Zulma Carraud, 5 mai 1839, *Corr.* III, p. 603.
25. Lettre à Laure Surville, novembre 1837, *Corr.* III, p. 34.

pour nos solennités littéraires usuelles, dans cette lettre de George Sand à son éditeur Buloz, le 3 mai 1840 :

> Venez me voir, apportez-moi mes comptes pour que j'arrange la forme de ce que j'écris de manière à vous rembourser le plus promptement possible. C'est peu littéraire, mais enfin, selon mon arriéré avec vous, je m'arrangerai pour l'étendue ou le resserrement du cadre. [26]

Avec quelque vraisemblance, par ailleurs, l'éditeur peut se croire l'avant-poste du *vrai* créancier, le public. Rapport qui s'affiche dans la mécanique d'un genre littéraire quotidiennement régi par la promesse, le feuilleton : «La suite à demain !»... «Je vous prie de vouloir bien me mettre en mesure le plus tôt possible d'acquitter cet engagement envers mon public impatient», écrit le directeur de *La Presse* à l'auteur défaillant de *La Famille Nucingen* [27].

Ruptures

Mais avant la rupture, il y a plus ordinairement la bifurcation du projet, sa transformation dans et par le temps.

Comme pour tout autre type de promesse, le travail du temps sur la promesse d'écriture instaure la dissemblance, le *fulfilment* diffère du récipient, de la forme prévue et engagée. On le sait, il y a là, entre autres, une grande cause des schismes en religion. Ce prophète est-il bien le Messie annoncé ? Pourquoi pas le suivant, puisque aussi bien celui-là ne ressemble pas, ne ressemble jamais point par point à celui que chacun d'entre vous s'était «figuré» ?

En littérature, en musique, dans tous les arts sans maquette préalable, la possibilité de différence s'inscrit, dès

---

26. *Corr.*, éd. Georges Lubin, t. V, p. 51.
27. *Corr*, III, p. 278, 9 mai 1831. Amédée Pichot, responsable de la rédaction, dut cette fois prétexter un accident de Balzac pour couvrir le retard.

le départ, dans la formule courante des contrats d'édition du XIXe siècle : « M. X (écrivain) vend à tel éditeur un *roman nouveau...* » Mais s'il est nouveau, comment peut-on le « reconnaître » ? Ambiguïté du partitif en français, « *du* Balzac », « *du* Proust », égale : un produit connu avec un certain coefficient d'imprévisibilité, de renouvellement ? Comme les poudres à laver, formule enrichie ?... Mais si la part de nouveauté croît trop vite, la critique est aux abois : « Qu'est-il arrivé à X ? » « On ne le reconnaît plus... (et, *a parte*, « S'il n'écrit plus toujours le même livre, je vais être obligé de le lire avant d'en parler... »). Comparer avec sa satisfaction (nous parlons, bien sûr, des seuls *mauvais* critiques...) lorsqu'elle peut dire : On *reconnaît bien* la petite musique de... Sagan, Modiano, etc. » (dans ces cas-là, d'ailleurs, la musique est souvent « petite »). C'est, entre autres, pour éviter cette attente, ce piège, que Romain Gary, lointain émule de Kierkegaard invente son Johannes Climacus, Émile Ajar.

La règle, c'est que l'auteur soit « égal à lui-même ». Un des premiers contrats de Balzac, conclu avec Pollet le 11 août 1822, stipulait que le libraire-éditeur aurait le droit d'exiger la refonte d'un volume s'il lui semblait inférieur aux précédents. Légère consolation, le contrat précisait que « cette opération ne pourra avoir lieu qu'une fois »[28]. Ce n'est là, après tout, que l'application de l'article 1246 du Code civil :

> Si la dette est une chose qui ne soit déterminée que par son espèce, le débiteur ne sera pas tenu, pour être libéré, de la donner de meilleure espèce : mais il ne pourra pas l'offrir de plus mauvaise.

En cas d'œuvre non seulement différente, mais absente, non livrée, le droit offre deux « solutions » qui s'inspirent de philosophies différentes... La première est celle de

---

28. *Corr.*, t. I, p. 198.

l'astreinte (amende journalière, ou hebdomadaire, compensant le retard pour le créancier et censée hâter la production de l'auteur). On y retrouve, fractionné, le mécanisme de la dette évoqué plus haut. Mme Béchet, éditrice, envoie à Balzac un huissier en juin 1836, avec sommation de remettre le manuscrit des *Études de mœurs*, sixième livraison, sous peine de 50 francs d'amende (astreinte) par jour de retard[29]. Hugo écrit *Notre-Dame de Paris* en trois semaines sous astreinte de l'éditeur Gosselin[30]. L'autre voie reconnaît en apparence le *non possumus* artistique, mais impose des dommages et intérêts, d'abord mesurés par les jurisprudences, puis codifiés dans l'article 32 de la loi de 1957. Sur le plan pratique, cette médication n'a d'effets que sur un certain type d'artiste, ou d'écrivain : ceux que la dette galvanise, ou régularise. On prendra garde de ne pas oublier ceux qu'elle paralyse, révolte ou stérilise (les mêmes parfois, à d'autres moments) : Rilke luttant pour maintenir son temps d'écriture à l'abri de tout paramètre extérieur, ou plus exactement son temps d'*attente* de l'écriture ; tentant de préserver, pour reprendre les termes de Per Aage Brand (« La structure du temps, esquisse d'une analyse morpho-dynamique »[31]), un espace avec un seul attracteur ou répulseur.

Ces compromis ne dissolvent pas la pointe du différend entre l'auteur et l'éditeur, lequel, comme le rappelle Jean-François Lyotard, ne se signifie pas dans la même langue : Balzac encore, à Gosselin : « Vous avez compté avec vos écus, et moi avec mes souffrances »[32]. L'auteur s'échappe dans l'inquantifiable. L'éditeur, au bout de sa patience, tend à banaliser la marchandise littéraire pour la réduire au sort commercial ordinaire. Buloz parle à Balzac de « chose vendue », « une chose dont vous avez touché le prix »[33].

29. *Corr.* t. III, p. 108, n. 1.
30. Voir V. Hugo, *O.C.*, Le Club français du livre, t. IV.
31. *A paraître.*
32. Lettre n° 321, fin juillet 1831, *Corrt.* I, p. 549.
33. Lettre du 29 décembre 1835, *Corr.* II, p. 786.

Balzac nommera lui-même *Louis Lambert* « la chose de Gosselin corrigée »[34]. Et quel est le prix de la chose, lorsque l'auteur ne parvient pas à passer de la puissance à l'acte ? L'indemnisation de l'éditeur prévue par la loi actuelle en France comprend à la fois les frais engagés réellement par lui, plus une estimation des chances de gain ainsi perdues[35]. Dans la pratique courante, on négocie souvent sur d'autres bases, nouvelles promesses, contreparties diverses, trocs en tout genre...

La logique judiciaire marque un arrêt, ici, et ne suit pas jusqu'au bout l'éditeur dans son élan vers la banalisation commerciale. La loi interdit en effet la *saisie* d'un ouvrage, même promis, de même qu'elle interdit désormais qu'un manuscrit soit saisi, comme un bien ou un salaire, pour le paiement des dettes de l'auteur[36].

Par ailleurs, l'auteur jouit d'un droit, disons d'un privilège que peuvent lui envier beaucoup de « prometteurs » : le droit de repentir et de retrait (art. 32 de la loi de 1957), c'est-à-dire le droit de corriger son œuvre même après sa livraison, et celui de la faire disparaître (moyennant contrepartie financière souvent). Ce droit surmonte toute promesse[37]. S'il avait été appliqué à l'œuvre de Kafka, l'on sait qu'il aurait pu aboutir à la destruction de toute son œuvre, à condition que Max Brod tienne de son côté sa lourde promesse testamentaire, ce qu'il n'a pas fait... Le droit de repentir et de retrait, sous cette forme, une « spécialité française » postule un vouloir du sujet-artiste, en même temps sujet de droit ici, plus impérieux, d'une part, que la créance du public, voire de l'humanité ; plus impérieux, d'autre part, que le vouloir être de l'œuvre.

34. Lettre à sa mère du 6 août 1832, *Corr.*, p. 515.
35. Henri Desbois, *op. cit.* p. 490.
36. Évolution de la jurisprudence à ce sujet retracée dans *Littérature en procès*, IVᵉ partie, chap. II.
37. L'exemple canonique est celui du portrait de Lady Eden retiré par Whistler après commande et exposition (affaire du 20 mars 1895).

Nous considérons, sans pouvoir évidemment détailler ici la question, que le système du droit français – le système, pas la pratique quotidienne qui l'accommode aux contraintes et aux intérêts, mais dans *certaines* limites – que ce système donc fait de la promesse d'écriture comme de bien d'autres sortes de contrats, un royaume du sujet. Le contrat d'édition est considéré aussi *intuitu personae* du côté de l'éditeur (art. 62 de la loi de 1957 : « L'éditeur ne peut transmettre le bénéfice du contrat d'édition à des tiers », et la substitution d'un éditeur à un autre peut remettre le contrat en cause).

A un certain moment, écrit Maurice Blanchot, les circonstances, c'est-à-dire l'histoire sous la figure de l'éditeur, des exigences financières, des tâches sociales, prononcent cette fin qui manque, et l'artiste, rendu libre par un dénouement de pure contrainte, poursuit ailleurs l'inachevé. [38]

Le souci du sujet qui marque le droit français, quels que soient ses mérites historiques ou pratiques [39] réentame de fait cette opération d'aliénation, constitution en tierce instance, réification de la chose promise, hommage rendu à la puissance du Temps, qui fait le risque et l'attrait de l'opération-promesse.

ANNIE PRASSOLOFF
Université Paris 7

---

38. *L'espace littéraire*, NRF, Idées Gallimard, 1982, p. 10.
39. Bernard Edelman, jadis plus sceptique, semble s'être rangé parmi les admirateurs de ce « bon temps » du sujet, menacé aujourd'hui par les monstres de la technique, cf. sa nouvelle version du « Que sais-je ? » sur *La propriété littéraire et artistique*, PUF, 1989.

LA PROMESSE DU CONTE

Madame de la Carlière, de Denis DIDEROT

En 1772, Diderot rédige *Madame de la Carlière* (sous-titrée *Sur l'inconséquence du jugement public de nos actions particulières*) parmi une série d'admirables contes, récits et entretiens de son âge mûr. Dans ces œuvres abondent engagements, confidences, aveux, exhortations, promesses – dont, bien sûr, des promesses non tenues, des exhortations vaines, des aveux mensongers, des confidences fausses, des engagements trahis, quand ce n'est pas l'incapacité ou le refus de déférer à des ordres, sages ou non, de suivre des conseils, judicieux ou pernicieux, de prononcer des vœux, mondains ou monastiques. Foi jurée, foi trompée, foi impossible. Inconstance, infidélité, payées par la vengeance, par la mort, sanctionnées par le ridicule, ou impunies, oubliées... Tous les registres y sont essayés, le sublime, le truculent, le pathétique, le noble et le tragique, le gai et le grivois, le familier, le parodique. Et partout des naïfs et des trompeurs, des sincères et des retors, des honnêtes gens et des fieffés coquins, mais aussi des sots, ou des envieux, ou des têtes bizarres, victimes de leur aveuglement ou de leur prévention. Cette comédie humaine, ce grand branle de la terre, c'est, en somme, revendiqué, le côté Molière de Diderot, c'est aussi son côté Marivaux – et cela l'aurait fort surpris et sans doute choqué. Il n'empêche. Tout comme celui de Marivaux, ce théâtre de la sincérité et de la promesse selon

Diderot reconnaît l'importance – majeure – parmi les actions de la vie quotidienne, des actes de langage, des paroles en situation, et, parmi elles, des énoncés performatifs.

Madame de la Carlière offre plus d'un point de ressemblance avec l'histoire de Madame de la Pommeraye, que l'on trouve dans *Jacques le Fataliste*. La seconde conte une vengeance, réponse machiavélique à un engagement trahi ; la première s'en distingue principalement par l'accent qui est mis sur le moment du *serment*, de la *promesse*, prononcée et dénoncée avec une particulière solennité. Rappelons l'argument. Accédant enfin au vœu de Desroches, passionnément amoureux, Madame de la Carlière, veuve et prudente, fait jurer à Desroches qu'à la moindre incartade, leur union, à laquelle elle consent, sera rompue. Il jure, publiquement, et le public rassemblé jure avec lui de faire respecter son dit et son dédit. Ce serment indiscret (au sens où le sont les bijoux) est rappelé au même public convié une seconde fois par Madame de la Carlière, le jour où elle a obtenu les preuves d'une infidélité de Desroches. Aveux, regrets, remords, cris, évanouissements, prières, intercessions, longue contrition, rien n'y fait : la vertueuse et noble Madame de la Carlière, ou la « hautaine bégueule », comme on voudra, mais aussi son enfant, sa mère, son frère, Desroches, tout meurt, tout va mourir, tout se défait. La promesse privée et publique s'achève en tragédie.

Madame de la Carlière, tragédie de la promesse, se présente au lecteur comme un conte à rebours. Il se récite comme on remonterait le temps, depuis le *discours présent* des causeurs, qui devisent par une soirée nébuleuse dans le parc d'un château, et dont le désir de conte a été excité par la vision de Desroches (ce paria social, ce coupable, selon la rumeur publique, de la mort de sa femme et de son enfant, épave et fantôme de lui-même, exemple pathétique du désastre de la passion), jusqu'à l'*histoire* de Desroches et de la belle madame de la Carlière, son épouse, telle qu'elle s'est *passée,* et que l'un des interlocuteurs, qui s'y est trouvé quelque peu mêlé, la récite à l'autre, qui de son côté en a déjà entendu parler. Lecteurs du conte, auditeurs en tiers de ce récit, public attentif et atterré, nous suivons cette remontée de l'inexorable, remémorée de bout en bout. Comment ne pas se sentir en effet partie prenante dans ce qu'on nous fait savoir, et que nous ne devinons que trop, puisque autrefois nous avons joué, nous public – malgré nous sans doute – un rôle décisif dans la tragédie de Desroches? Par notre actuelle lecture nous sommes témoins, mais aussi par notre ancienne intervention et interprétation nous avons été et nous ne cessons d'être acteurs, acolytes, cojureurs dans un terrible fait divers de la promesse : donc du côté du *discours* autant que de celui de l'*histoire,* en cela ambivalents, doublement coupables, impliqués et détachés, sommés, en position conjointe de juge et d'accusé, de réfléchir sérieusement *sur l'inconséquence du jugement public de nos actions particulières.* De sorte que la promesse peut apparaître comme le centre du conte, son sujet, ou comme son prétexte, son faire-valoir: selon que la lecture se porte sur la suite des événements, l'*histoire* (le récit), ou bien sur sa représentation, sa communication et son examen critique: le *discours.* Ainsi, dans le conte, la promesse se tient à l'articulation de l'*histoire* et du *discours,* mais aussi au point où se relaient et se superposent les relations *privées* (particulières) et le domaine *public.* Le performatif, dans *Madame de la Carlière,* se tient à la croisée des chemins.

Si l'histoire de Desroches ressemble à une machine infernale, c'est sans doute, comme on nous le fait entendre, que le traité d'alliance proposé, après un long siège, par Madame de la Carlière ne met point fin à la guerre des sexes. Au contraire, il l'exacerbe, il la porte à un degré plus intense. Ce traité est un véritable ultimatum, une déclaration de guerre, impérieuse et intransigeante. Madame de la Carlière ressemble à ces puissances qui suspectent à un point tel l'adversaire qu'elles exigent pour la ratification d'un accord des garanties exorbitantes, sources de nouveaux conflits. Son offre d'abandon total de soi (signalé par le changement de nom) est en fait un don purement conditionnel, une déclaration de défiance gouvernée par la loi implacable du tout ou rien, et donc agrémentée de clauses restrictives imposant annulation sans réparation possible au premier accroc constaté. A cet égard, la convocation (non prévue par l'autre partie) d'observateurs et de témoins extérieurs – le public – universalise l'engagement mutuel qui, de convention particulière, se transforme en traité cérémoniel et public, cosigné par toutes les parties présentes. Et ainsi, il n'y a plus de tiers véritable, plus de neutralité extérieure, plus d'échappatoire. Desroches est circonvenu. Tout concourt à assurer l'exécution du contrat, c'est-à-dire à faire triompher la logique de celle qui l'impose. Dans le vocabulaire du temps, on dirait que la contrainte d'un tel serment, qui fait de tout écart une infidélité, refuse à l'avance l'inconstance, taxée de trahison. Autrement dit, l'inconstance, esclavage du temps qui passe, sanction des intermittences du cœur et du corps, et, plus largement, de la transformation incessante de toutes choses (ce qui implique possibilité de retours et de reprises), est refusé violemment et solennellement comme manquement insupportable à la foi jurée: désir d'une parole donnée et reçue plus durable que le désir même. Contre cette logique, Diderot dénonce partout (dans *Jacques* par exemple), le « sophisme de l'éphémère »: quand deux amants se jurent une foi éternelle sous un ciel changeant, appuyés contre un roc qui lui-même est destiné à tomber un jour en poussière. C'est suggérer que Madame de la Carlière se rêve aussi inamovible, aussi parfaite et aussi éternellement adorée qu'un dieu. Pour s'en assurer, elle impose un contrat impossible. L'impossible est ici mieux qu'un défi, une preuve, et la seule preuve possible: la preuve négative. Ainsi Madame de la Carlière, par le rejet de Desroches, s'assure que nul mortel, surtout celui qui l'encense le plus ardemment, ne saurait même lui répondre. Il ne reste plus alors, pour l'un comme pour l'autre, que la mort, à la fois assomption et déchéance. La machine infernale fonctionne parfaitement.

On peut donc voir dans la tentative sublime de Madame de la Carlière, aussi bien que le signe d'une force hors du commun, celui d'une faiblesse extrême, puisque, de son adorateur, elle ne tolère rien qui, ne serait-ce qu'un instant, la mette en balance et la dévalue à ses propres yeux. La promesse qu'elle exige n'a rien d'une alliance proposée par une divinité forte, jalouse, mais assurée d'elle-même. Placée en perspective, renouvelable, une telle alliance n'est en un sens jamais parfaitement accomplie; elle ne cesse jamais d'être désirable, et c'est la difficulté même de sa réalisation qui marque la perfection et l'écart divins. Or Madame de la Carlière, Dieu jaloux, ne tolère pas même la pensée du Veau d'Or – ou bien ne caresse-t-elle que trop cette pensée? Le vertige de la trahison de l'autre est chez elle vertige de sa propre insuffisance. Le suicide d'un Dieu qui ne peut être Dieu que de ce suicide témoigne en dernier ressort de son imperfection. Plus que Desroches encore, Madame de la Carlière est donc consciente et douloureusement affectée de sa fragilité, de sa solitude, de son incapacité à rejoindre autrui, s'il est vrai qu'au moment même où elle accepte de constituer Desroches en sujet, en interlocuteur digne de lui répondre, elle le dévalue comme objet, ou comme prétexte, comme occasion de confirmer son propre délaissement, sa fragilité native. Desroches, victime exemplaire et expiatoire, est rejoint par son destin: par ce – et celle – qui paradoxalement nie en lui le sujet parlant, l'être fini, mortel, faillible mais, comme tel, pourvu qu'il jure et n'oublie pas sa promesse, digne de confiance et d'amour. C'est en ce sens que Madame de la Carlière est seule au monde: ce dont elle souffre, sans doute, et ce qu'il fallait démontrer.

Mais en ce point de l'investigation psychologique, ne peut-on renverser les propositions ? Car si Desroches a distingué Madame de la Carlière, s'il l'a passionnément aimée, s'il a subordonné son bonheur à l'obtention de sa main, n'est-ce pas qu'il se connaissait comme libertin, comme homme à femmes, comme inconstant (poussé souvent par de nobles motifs, mais le fait est là) dans sa vie professionnelle et dans sa vie sentimentale ? En Madame de la Carlière ne sent-il pas avec perspicacité la seule femme capable de le fixer ? Elle ne s'en est montrée que trop capable, en effet, mais n'est-ce pas là ce qu'au fond de lui-même il a voulu ? N'a-t-il pas, plus qu'elle encore, plus confusément, plus sourdement, plus aveuglément recherché le coup de force, n'a-t-il pas cédé lui aussi au vertige du tout ou rien ? Trop heureux, dans son malheur, de recevoir la confirmation tant attendue : je suis voué à l'inconstance, je suis condamné au désespoir et au malheur. Pourquoi en effet avoir gardé des lettres qu'il aurait été si facile de brûler ? La victime s'est trouvé un Dieu à sa mesure, qui puisse lui confirmer son élection à rebours, le punir de ses péchés, et qui de surcroît ne se relève pas lui-même de cette confirmation et de cette sanction. Desroches, en ce sens, est bien l'instrument de son propre destin, mais plus encore le mauvais génie de Madame de la Carlière. Ou bien alors ne peut-on estimer que tous deux se sont en définitive parfaitement trouvés, qu'ils ont été unis par l'amour le plus intense et la haine la plus inexpiable, d'eux-mêmes surtout ? Enfer parfait du couple, noirceur insondable de nos contradictions, chausse-trappes de nos désirs...

... ou bien relativité fluctuante de nos arrêts, inanité de nos attendus ? Sur de tels canevas, ou sur d'autres, les sociétés choisies que fréquentait si volontiers Diderot ne manquaient pas de se livrer, avec subtilité et délectation, à d'infinis commentaires. Mais on sait qu'outrepassant ce rôle, le jugement public se mêlait de juger, prétendait trancher sans appel du juste et de l'injuste, du bien et du mal. C'est que le public jase, hélas, sans retenue et qu'il ne peut se garder de condamner à tort et à travers. En l'occurrence, il condamne Desroches, mais, on le sent, la tendance se renverse. Bientôt on n'aura plus de mots assez durs pour celle dont hier encore on faisait une sainte et une martyre. Et puis, plus tard, on trouvera d'autres motifs, d'autres indices, on souscrira à d'autres modes. Le caquet public ne connaît ni frein ni vergogne. C'est ce que le conte lui-même souligne :

« Et puis vous êtes étonné que l'effréné bavardage de ces gens-là m'importune, m'impatiente, m'impatiente, m'impatiente, m'blesse... »

Ou encore :

« Car le point important n'est pas de savoir, mais de parler. »

Bref, *Madame de la Carlière* n'est pas seulement (pas surtout) le conte d'une infortune privée exhibée et livrée au public, c'est l'examen critique d'un scandale public, celui du jugement public, versatile, futile, incapable de rendre justice aux actions particulières. En déplaçant ainsi l'accent vers le jugement du public, Diderot nous incite à la fois, nous public moderne, nullement meilleur que celui d'alors, à poursuivre l'examen *et* à l'interrompre: à le déplacer. Pourquoi et comment nier que nous prenons un très vif intérêt à ces discussions, qu'elles nous divertissent si fort? Le fait divers ne cesse de fasciner. Bien mieux, il a gagné la grande littérature, la presse écrite, les médias, tous les canaux de la *communication* moderne. On sent qu'il jette souvent plus de lumière sur l'énigme de notre condition que ne le font bien de traités théoriques. Mais ces traités ne laissent pas à leur tour de fournir de nouveaux aliments à l'« effréné bavardage » de la société, qui se déploie de plus belle et se déverse avec fureur... Mouvement perpétuel? Scandale aussi peu évitable que ne l'est le destin de Desroches, qu'il contribue à précipiter?

Comment, donc, mettre un terme aux excès, aux ravages du jugement public? En 1772, Diderot est clair: il convient de subordonner son inconséquence coupable à une juridiction plus haute. Littérairement, dans le conte, cette sujétion est rendue sensible par le dédoublement des interlocuteurs, instance intermédiaire entre l'auteur et le lecteur, dont la fonction est essentiellement *critique*, et par le décalage entre les époques (alors – maintenant – plus tard). Par là Diderot ménage la possibilité d'un recul, d'une mise en cause de tout point de vue rigide ou partial. Mais aussi, dans le même mouvement, il définit une position de *maîtrise*. Cette ambiguïté est essentielle aux contes et entretiens de Diderot: le *discours* y est le lieu d'une réflexion libre, mais aussi celui d'une correction nécessaire, d'une évaluation plus équitable, celles que procurent les lumières de la « philosophie ». L'un des interlocuteurs donne en effet toute apparence d'être plus qualifié que l'autre pour juger. N'a-t-il pas, en guise de preuve de sa *compétence*, prédit justement au début du conte le changement du temps? Ce changement est de surcroît symbolique (et ironique): le brouillard se lève à la fin de leur entretien, et la nuit brille de toute sa clarté! Cet interlocuteur privilégié a le dernier mot, qu'il lance alors, autoritaire et mystérieux:

> Et puis j'ai mes idées sur certaines actions, que je regarde moins comme des vices de l'homme que comme des conséquences de nos législations absurdes, sources de mœurs aussi absurdes qu'elles, et d'une dépravation que j'appellerais volontiers artificielle. Cela n'est pas trop clair, mais cela s'éclaircira peut-être une autre fois, et regagnons notre gîte. J'entends d'ici les cris enroués de deux ou trois de nos vieilles brelandières qui vous appellent; sans compter que voilà le jour qui tombe et la nuit qui s'avance avec ce nombreux cortège d'étoiles que je vous avais promis.

Face à cette autre *promesse*, énoncé d'un nouveau genre, prévision toute profane et scientifique du jugement éclairé, l'interlocuteur ne peut qu'acquiescer, et le conteur qu'achever son conte :

« — Il est vrai. »

L'homme de la véritable promesse, c'est bien le «philosophe». Il apporte la vraie «bonne parole», qu'il oppose aux habituels propos du public. Cette relève sanctionne le dédoublement du *discours*, occasion d'un conflit plus décisif sans doute, mais moins âpre que celui qui déchire l'*histoire* et, en tout cas, nullement tragique : l'efflorescence sans règle du jugement public se heurte à la clairvoyance autorisée du jugement philosophique. Le schéma de l'énonciation du conte invite ainsi à interrompre le vain bavardage des commentaires pour envisager la disposition formelle des instances de parole et d'action :

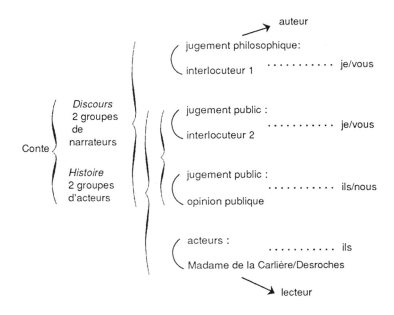

Distinguer ainsi dans ce conte le *discours* (mode d'énonciation impliquant le *je* et le *tu*, l'usage de certains « temps » et de certains modalisateurs : des présents, des conditionnels, des pronoms personnels ou démonstratifs, des adverbes de l'ici-maintenant, etc.) de l'énonciation « *historique* » (« récit d'événements passés », dit Benveniste, limité à la troisième personne et à certaines formes verbales), en tenant compte du décalage historique (qui, par exemple, ne distribue pas à la manière moderne les usages respectifs du passé simple et de l'imparfait ainsi que leur emploi selon les personnes), c'est poser l'hypothèse que Diderot, en son temps, fait de ses contes *l'observatoire*, et, mieux encore, *le laboratoire expérimental de l'énonciation.* En effet, le point sensible du schéma se situe à l'*articulation* du *discours* et de l'*histoire,* rendue possible par le *dédoublement* de chacune des deux instances. C'est le jugement public qui réunit en lui ces deux niveaux, et en figure le *point nodal,* là où le *je - tu (vous)* se superpose aux *ils.*

Mais on remarquera, aux « extrêmes » du schéma, que le *je* supérieur, celui du jugement « philosophique » (partie éclairée du jugement public) tend à s'identifier au *je* implicite et surplombant de l'auteur (le « philosophe »), alors que le *ils* inférieur, celui qui désigne surtout les acteurs de la tragédie, mais aussi les acteurs du jugement public d'alors, rejoint le *nous* désigné par le sous-titre du conte (« nos actions particulières »), c'est-à-dire le *nous* indivis du public, lecteurs y compris. La chaîne et ainsi complètement déployée, elle *structure* le conte en ce qu'elle assure et sa cohérence et la circulation des interprétations, mais aussi qu'elle l'ouvre sur l'infinité des lectures possibles. Littérairement, comme philosophiquement, Diderot affirme à la fois sa virtuosité et sa maîtrise :

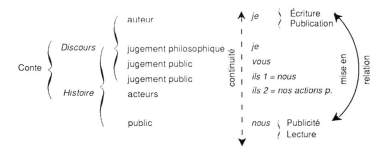

Si l'on rapporte ce conte à d'autres analyses de Diderot, seulement suggérées dans *Madame de la Carlière* (« J'ai mes idées [...] sur certaines actions, que je regarde moins comme des vices de l'homme que comme des conséquences de nos législations absurdes... »), on peut considérer, du point de vue « philosophique », que l'auteur et le narrateur/interlocuteur représentant le jugement philosophique s'expriment au nom de la « loi naturelle », alors que le jugement public (la majorité du public avant qu'il ne soit éventuellement éclairé par la « philosophie ») s'en tient aveuglément aux « lois artificielles ». Cette théorie des *trois lois* ou *trois codes*: code naturel, enfoui, occulté par la vie sociale, mais dont l'émergence serait l'objectif du mouvement militant des Lumières; code « civil » (nous dirions social et politique), celui qui inspire les lois, parfois injustes et révoltantes, que se donne la société civile; et code religieux, dont l'observance conduit aux aberrations, sublimes ou déplorables, à la fois d'une Madame de la Carlière, entichée fantastiquement de fidélité, et du jugement public, attaché à des valeurs hautement discutables, absurdes au regard du code naturel, et des plus néfastes. Le conte de Diderot apparaît bien, par le biais de l'anecdote exemplaire, comme une petite machine de guerre « philosophique », quelles que soient par ailleurs son ouverture et son intelligence critique. Il est une action militante en faveur des Lumières :

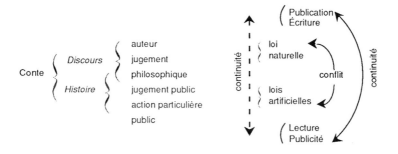

Si donc le jugement public est placé au cœur du conte, à l'articulation de sa structure, c'est sans doute que Diderot entend par là mettre conjointement en évidence l'opposition (idéologique) des points de vue et la continuité (énonciative) qui lie, dans un discours au présent ou en représentation, des événements passés à une lecture toujours à venir. En d'autres termes, le jugement public qui se saisit des actions particulières est lui-même exposé à la publicité d'une écriture et d'une lecture critiques. Il y trouve une sanction et un retentissement toujours renouvelés. Mais, à côté de l'opposition, la continuité n'est pas moindre, puisque les « actions » particulières rapportées dans le conte sont fondamentalement de l'ordre du discours ; plus particulièrement, elles relèvent, comme on se le rappelle, de l'acte performatif de parole : la promesse faite, la foi jurée. Ainsi s'il est vrai que le conte vaut comme exercice généralisé et réglé de l'énonciation, la source mais aussi la visée de cette énonciation se trouvent dans la représentation et l'analyse d'un mode du performatif. *Madame de la Carlière* peut être considéré à cet égard comme une évaluation expérimentale des conditions de possibilité de toute parole ayant statut de promesse.

La promesse appartient à ces énoncés performatifs qui, outre des conditions linguistiques « subjectives » (des personnes, des modes et des temps précis de la langue), et

« objectives » (des circonstances ou une situation définies, la qualification du sujet de l'énoncé), supposent une écoute toute particulière de l'interlocuteur : puisqu'elle est une parole à la fois dirigée de manière expresse et intense vers cet interlocuteur, et dûment enregistrée, avalisée par lui ; par ailleurs, le temps, facteur nécessaire pour que la vertu de la promesse se confirme, est une dimension fondamentale du rapport qui s'établit entre les locuteurs ; enfin la promesse suppose un auditeur ou témoins en tiers, même virtuel, une puissance garante de l'engagement pris, qui soit en outre capable, en principe, d'en contrôler la réalisation dans la durée. Le modèle canonique d'une telle caution de la promesse est le sacrement, administré pour sceller la foi jurée. Au cours d'une cérémonie solennelle et publique, Dieu (comme peuvent en témoigner les assistants présents) est désigné par l'officiant comme le garant transcendant du serment, auquel est conféré de la sorte une valeur transcendante : le sacrement surdétermine le serment, c'est Dieu qui relaie les hommes en sacralisant la promesse. Or ce système double, ou dédoublé – Dieu et le public – est bien sûr laïcisé par le philosophe matérialiste. La promesse selon le conte n'a pour garantie que les hommes, des hommes assemblés. On passe de la cérémonie sacrée au rite social, de l'autel à la scène. La promesse se déploie sur un théâtre renouvelé, se transforme en pur théâtre profane, payant son immanence par une labilité étonnante et, il faut le dire, inquiétante. Le théâtre public transporte au loin et déforme, en se l'appropriant, le propos qu'il devait garantir, pour devenir à lui-même son propre spectacle. Autodivinisation et auto-aveuglement du jugement public : le juge qui remplace Dieu (tout en se réclamant de lui !) s'emporte et dépasse son rôle. De témoin passif (à l'instar de celui qui enregistre la déclaration d'ouverture d'une cérémonie publique), de participant actif (celui qui veille expressément à la réalisation d'un vœu), il se mue en instance bavarde et irresponsable, multipliant commentaires, parodies, récits complaisants et condamnations hâtives. L'insuffisance du jugement public signale et confirme ici une perversion, tant privée que publique, tant civile que religieuse, du serment. Elle ne se borne pas à figurer les suites déplorables d'un acte qui échapperait au privé comme au sacré (ses conséquences), elle signale l'abus possible inscrit dans la nature de l'énoncé performatif lui-même (son inconséquence). En cela elle vaut comme avertissement à l'*opinion publique* naissante. Diderot s'attache en effet à définir un code de son bon usage, un régime correspondant à sa toute nouvelle dignité. L'opinion publique, instance détentrice d'un savoir social mais surtout d'une autorité civile, n'exerce-t-elle pas un véritable ministère ? Elle est et devrait être le nouveau ministre, profane, qui assure la tenue et l'observance des rites sociaux enfin libérés des codes artificiels.

Ces rites (dérivant des lois civiles) renvoient-ils effectivement aux lois *naturelles* dont ils se réclament ? Diderot, qui en est persuadé, ne se pose pas cette question, il examine dans le conte l'exercice « actuel », si difficile, de la promesse. Comment légiférer au nom du « code naturel », comment déjouer les pièges que tendent aux particuliers, mais aussi au public, les préventions et les aberrations des codes civil et religieux ? En ce sens Madame de la Carlière, l'inflexible bégueule, ainsi que l'inconstant Desroches, sont les agents involontaires, mais exemplaires, d'une nouvelle et nécessaire instruction civique. Leur destin, c'est de précéder le règne attendu de la loi (la seule qui vaille, la loi de la nature). Ainsi, le tragique privé représenté par le conte serait inversement proportionnel à l'introduction et au triomphe (utopique ou non, comme on voudra) des libertés publiques. La promesse est de ces actes de parole qui mettent à l'épreuve l'inconséquence des rapports sociaux hérités du passé et invitent à inventer une *régulation* nouvelle, une théorie et une pratique nouvelles du *contrat*.

Avec *Madame de la Carlière,* Diderot produit un conte philosophique qui se veut, par-delà le constat atterré d'un désastre privé, par-delà aussi la dénonciation acerbe de la perversion publique, un acte de foi philosophique : une annonce, mais aussi une expérimentation de l'avenir, l'hypothèse *a contrario* d'un exercice généralisé et plénier de la « philosophie » (forme idéale de l'opinion publique). Toute promesse, en ce sens, est désignée en perspective comme un acte à la fois privé et public, un énoncé politique, qui suppose, à terme, la mise en place d'une *constitution* et l'organisation d'*institutions* destinées à gouverner et à modifier les rapports humains. Au XVIIIe siècle, la promesse était encore une idée neuve en Europe.

P. Chartier
Université Paris 7

PROMESSE ET DÉCEPTION

dans le *Dom Juan* de MOLIÈRE

Don Juan [...] est un séducteur jusqu'au plus profond de lui-même. Son amour n'est pas mental mais sensuel, et l'amour sensuel, par sa conception, n'est pas fidèle mais absolument perfide, il ne s'arrête pas à une seule mais s'étend à toutes, c'est-à-dire que toutes sont séduites, *car il n'existe que dans le moment.* [1]

En effet, instant et promesse ne peuvent aller de pair, puisque la promesse porte sur le futur, engage le futur. Don Juan déçoit donc les femmes, après les avoir séduites, mais il déçoit aussi tous ceux qui l'approchent. Mais pourquoi déçoit-il? Est-ce en raison d'une promesse ou de promesses qu'il aurait faites et qu'il n'a pas tenues ou bien est-ce pour d'autres raisons? La déception est-elle liée à la promesse? Si tel est le cas, à quel genre de promesse? Que peut alors nous dire la déception sur la promesse? Voici les questions que je voudrais poser en interrogeant le texte de Molière.

---

1. Søren Kierkegaard, *Ou bien... ou bien,* « Les étapes érotiques spontanées », Gallimard, p. 74 – c'est moi qui souligne. Cette remarque de Kierkegaard s'applique au *Don Giovanni* de Da Ponte et de Mozart, mais, quoi qu'en pense le philosophe danois, elle nous semble convenir également au personnage de Molière, dans le cadre d'une interrogation sur la promesse.

Évoquer la déception pour parler de la promesse peut paraître curieux de prime abord, dans la mesure où la déception relèverait plutôt de l'univers des *passions*, des affects, alors que la promesse semblerait relever essentiellement des actes de langage. « Je promets » est un performatif et on dit plus facilement « je suis déçu(e) » que « je déçois ». « Je suis déçu(e) » est un constatif, employé sous une forme passive, en d'autres termes « je subis une déception », « j'en suis la victime ». La déception est ce qui ne répond pas à une attente, ce qui surgit dans l'écart entre un *faire* et un *être*. Elle surprend désagréablement – c'est le premier sens du verbe latin *decipere* –; elle est aussi ce qui trompe – second sens du même verbe. Mais qu'attendons-nous et pourquoi attendons-nous? S'agit-il d'une attente explicite ou implicite, et d'où viendrait le caractère explicite ou implicite de cette attente? Si je reviens au terme de promesse et consulte tout banalement le *petit Robert*, les définitions du terme proposées par ce dernier sont les suivantes: « Action de promettre; ce que l'on s'engage à faire; *Dr.* Engagement de contracter une obligation ou d'accomplir un acte »: nous sommes là dans le registre des actes de langage définis par Austin et Searle, à savoir la promesse comme énoncé articulé portant sur un acte futur. Mais le *petit Robert* ajoute: « *Relig. cathol.* Promesse faite par Dieu; *Littér.* (XVIIᵉ) Espérance donnée par un événement, une chose. » Ces deux dernières définitions s'écartent notablement des deux premières, car la promesse faite par Dieu porte sur tout un destin et dépasse le simple énoncé ponctuel; et une espérance n'est pas un acte de langage, mais une attente, par conséquent un état d'affect, dont l'issue se soldera par la satisfaction et le contentement ou par la déception, qui sont, elles, des passions.

La promesse explicite

Mais venons-en au *Dom Juan* de Molière et tentons d'articuler les moments déceptifs qui apparaissent dans cette pièce, par rapport à la notion de promesse. Le premier registre déceptif, le plus évident, le plus *explicite*, est celui de la promesse de fidélité liée au mariage, promesse non tenue : Don Juan, en effet, a arraché Done Elvire d'un couvent et l'a épousée, c'est-à-dire qu'il a solennellement juré fidélité à son épouse devant témoins et devant Dieu. Une fois le mariage consommé, il l'a quittée. Si l'on reprend les règles établies par Searle dans *Speech Acts*[2], pour délimiter l'acte de langage appelé « promesse », la promesse de fidélité incluse dans l'acte de mariage y répond point par point, à savoir (je résume le texte anglais) :

1. Règle de contenu propositionnel (la promesse annonce un acte futur). La promesse de fidélité porte effectivement sur le *futur* de l'énonciataire.

2. La promesse ne doit être énoncée que si l'auditeur *(hearer)* préfère que le locuteur *(speaker)* commette un acte et que le locuteur connaisse cette préférence (Elvire préférerait probablement que Don Juan soit fidèle et Don Juan le sait).

3. La promesse doit être faite uniquement *s'il n'est pas évident* que le locuteur commette l'acte en question normalement (la fidélité érotique semble en effet présenter une certaine instabilité).

Ces trois règles concernent le destinataire et les règles 2 et 3 sont les règles préparatoires à l'acte de langage proprement dit.

4. La promesse ne doit être faite que si le locuteur a *l'intention* de la tenir. C'est la règle de sincérité.

---

2. John R. Searle, 1970, *Speech Acts. An Essay in the Philosophy of Language.* Cambridge University Press, Cambridge UK, 1970, chap. 3.

5. L'énoncé de la promesse entraîne une *obligation* de la tenir. C'est la règle essentielle.

Ces deux règles concernent le destinateur et portent sur le *vouloir* et le *devoir* impliqués dans le fait de promettre.

Selon Searle, seule la promesse « sincère » respecterait toutes ces règles. Or Don Juan n'est pas sincère. Il a pourtant promis et amené Elvire à rompre ses vœux religieux pour lui. Elvire a cru en sa promesse, puisqu'une promesse « insincère » simule parfaitement une promesse sincère. Elle a donc le droit d'être déçue et l'on conçoit qu'elle ait du mal à comprendre la défection de Don Juan :

> ... J'ai cherché des raisons pour excuser à ma tendresse le relâchement d'amitié qu'elle voyait en vous ; et je me suis forgé exprès cent sujets légitimes d'un départ si précipité pour vous justifier du crime dont ma raison vous accusait. Mes justes soupçons chaque jour avaient beau me parler ; j'en rejetais la voix qui vous rendait criminel à mes yeux, et j'écoutais avec plaisir mille chimères ridicules qui vous peignaient innocent à mon cœur. Mais enfin cet abord ne me permet plus de douter, et le coup d'œil qui m'a reçue m'apprend bien plus de choses que je ne voudrais en savoir... (I, 3).

Tels sont les propos d'Elvire, quand elle retrouve enfin Don Juan, après une longue poursuite. Pourquoi l'évidence du départ de Don Juan est-elle aussi difficile à accepter ? Pourquoi s'acharne-t-elle à nier des faits qui devraient se suffire à eux-mêmes ? Mais comment, d'autre part, pouvait-elle apprécier la sincérité ou l'insincérité de Don Juan ? La promesse n'engagerait-elle pas, au-delà de l'énoncé articulé par lequel elle peut être exprimée, un *pari* avec le destin, puisqu'elle présume de l'avenir, un pari présupposé comme contenu sémantique dans le caractère performatif du verbe « promettre », car « je promets » ne signifierait plus alors « je promets que je ferai », mais plutôt « je parie que je ferai ». C'est pour cette raison que la promesse de fidélité érotique – conjugale ou non – est probablement la promesse la plus répandue et la moins respectée au monde. La promesse est une rédaction anticipée du réel, posant le problème général du futur comme «devoir-être» et le problème du «croire» lié à ce «devoir-être». Pourquoi, en effet, croire à la valeur d'une promesse, dont il est impossible de prouver, dans l'immédiat, qu'elle sera tenue?[3] Shoshana Felman tire de cette constatation la conclusion que

> la promesse est perverse; parce que la promesse est, comme telle, essentiellement *intenable*. Intenable pourquoi, pour qui? [...] 1) intenable pour qui a un inconscient; 2) intenable pour qui est mortel. Car la mort, ce n'est pas simplement le terme de la vie, la mort habite la vie et la rompt, rompt la promesse de vie qui nous a été faite.
>
> La question posée par la pièce de Molière est donc [...] celle-ci: l'être humain peut-il *répondre de soi en tant qu'avenir*? Peut-il répondre de son désir? Or, ce que montre le mythe de Don Juan, c'est que la rupture de promesse est inscrite au fond même de la promesse: inscrite comme rupture même de la conscience; inscrite comme rupture de la vie.[4]

L'impossibilité dans laquelle l'être humain se trouve de «répondre de soi en tant qu'avenir», qui rend la promesse «intenable», est réelle... pour un sujet psychique pris entre les feux de l'oubli et de la mémoire. Mais un sujet n'est-il qu'un sujet psychique? N'y a-t-il pas dans le sujet une dimension naturelle et sociale qui le façonne tout autant que son histoire personnelle? On pourrait penser que la réalité et le sujet ne se comportent pas nécessairement comme deux ennemis retranchés sur leur position, que la réalité se présente comme un ensemble de conditions malléables, qui définissent autant le sujet qu'il ne les définit. Cette approche, relevant d'un réalisme phénoménologique, s'oppose bien

3. Cf. à ce sujet le texte de Per Aage Brandt, « Pour une sémiotique de la promesse », p. 19-46, *supra*.

4. « Don Juan ou la promesse d'amour », rencontre-débat, Paris, 19 juin 1980, in *Tel Quel*, n° 87, printemps 1981.

évidemment au nominalisme psychologique qui transparaît dans les propos de Shoshana Felman.

Quant à Done Elvire, si sa déception est compréhensible, dans la mesure où une promesse sincère et une promesse insincère se ressemblent, sauf dans leur *faire*, elle devrait pourtant savoir qu'une promesse, même sincère dans son intention, ne garantit pas sa réalisation, puisqu'elle a elle-même rompu ses vœux religieux pour suivre Don Juan. De plus en plus s'impose à nous l'idée qu'il est nécessaire, pour explorer le caractère déceptif de la promesse non tenue, d'introduire une autre dimension que celle de l'acte de langage explicite et articulé, à savoir l'implicite impliqué par cet acte de langage, implicite qui dépasserait la simple « promesse d'amour » à laquelle la rencontre-débat rapportée par *Tel Quel* fait allusion.

Mais considérons un autre exemple de promesse explicite, qui ne peut être tenue – celle de mariage –, puisque Don Juan promet le mariage à *deux* jeunes paysannes – ce qui est beaucoup – alors qu'il est déjà marié. Il déclare à Charlotte qu'il n'a « point d'autre dessein que de [l']épouser » (II, 2) et prend Sganarelle à témoin de sa bonne foi. « Je vous réitère encore la promesse que je vous ai faite. Ne l'accepterez-vous pas, et ne voulez-vous pas consentir à être ma femme ? » déclare-t-il à la même Charlotte. Lorsque Mathurine, l'autre jeune paysanne, survient deux scènes plus loin (II, 4), elle se prévaut de la promesse de mariage que Don Juan lui aurait faite *avant* celle qu'il a faite à Charlotte, comme si cela était réellement le nœud du problème, à savoir l'ordre numérique des promesses et non *l'unicité* de la promesse de mariage. Don Juan nie devant chacune d'elles avoir fait une promesse de mariage à l'autre et, sommé de s'expliquer, il les renvoie dos à dos :

> Que voulez-vous que je dise ? Vous soutenez également toutes deux que je vous ai promis de vous prendre pour femmes. Est-ce que chacune de vous ne sait pas ce qui en est, sans qu'il soit nécessaire que je m'explique davantage ? Pourquoi m'obliger là-

dessus à des redites ? *Celle à qui j'ai promis effectivement n'a-t-elle pas en elle-même de quoi se moquer des discours de l'autre*, et doit-elle se mettre en peine, pourvu que j'accomplisse ma promesse ? Tous les discours n'avancent point les choses ; *il faut faire et non pas dire*, et les effets décident mieux que les paroles. Aussi n'est-ce rien que par là que je vous veux mettre d'accord et l'on verra, quand je me marierai, laquelle des deux a mon cœur [...] (II, 4 – c'est moi qui souligne).

Il laisse donc ironiquement aux deux jeunes filles le soin de juger de sa promesse, en les renvoyant à leur conviction intime – à leur croire – et à un faire futur qui tranchera. Promesse insincère s'il en fut, puisque la bi- et à plus forte raison la tri-gamie n'ont pas réellement cours en Occident. Cette promesse de mariage est nécessairement insincère et même nulle ; pourtant, elle n'empêche pas la déception des deux jeunes filles, alors même que le caractère insincère des propos de Don Juan devrait immédiatement les frapper, dans la mesure où il refuse de trancher et les renvoie à l'idée qu'elles se font de la chose, affectant ainsi de n'être en rien impliqué dans cette querelle, et qu'il déplace le conflit, en attribuant au faire, à l'acte, le rôle de juge sur le dire, le prétendu acte de langage ! Mais non, elles s'acharnent à croire à cette promesse impossible, au nom d'une primauté hiérarchique tout aussi illusoire : « Je suis celle qu'il aime, au moins », déclare Charlotte à Mathurine, alors qu'elle a elle aussi, tout comme Elvire, rompu une promesse (elle était en effet « promise » à Pierrot). « C'est moi qu'il épousera » réplique Mathurine (II, 4). Sganarelle tentera en vain de les éclairer en leur apprenant que Don Juan est « l'épouseur du genre humain » *(ibid.)*, mais promesse a été faite et déception s'ensuivra.

Expression ou contenu ?

Quelle attente la promesse contient-elle, qui puisse occulter une évidence flagrante d'insincérité ? Car dans les deux cas que nous venons d'évoquer, souligner, comme le fait Shoshana Felman dans son livre *Le Scandale du corps parlant, Don Juan avec Austin ou La séduction en deux langues*[5], que la promesse relève du performatif pur, c'est-à-dire qu'elle effectue une « performance », qu'elle accomplit un « acte par le procès même de [son] énonciation »[6] me semble rater en partie le phénomène, puisqu'elle affirme par ailleurs qu'elle est « intenable ». Pour Shoshana Felman, « la rhétorique de la séduction consiste, en effet, presque exclusivement, en une mise en jeu d'actes de parole ; la débauche donjuanesque est en réalité, avant tout, une débauche de performatifs explicites – performatifs d'engagement, qui s'emploient, d'ailleurs, à séduire les hommes tout autant que les femmes »[7]. L'énoncé performatif dont use et abuse Don Juan subsumerait « toute la *force* du discours de Don Juan et [s'opposerait] au *sens* du discours des autres personnages de la pièce qui, lui, se résumerait plutôt par l'exigence par excellence du constatif, exprimée par Charlotte : « *il faut savoir la vérité* »[8] (phrase qu'elle prononce devant Mathurine et Don Juan, lorsque Don Juan refuse de trancher en faveur de l'une ou de l'autre (II, 4). Mis à part le fait que la présence du verbe modal « il faut » fait de cet énoncé tout autre chose qu'un constatif, il est permis de se demander si le dialogue entre Don Juan et les autres est réellement, comme l'affirme Shoshana Felman, « un dialogue entre deux ordres qui, en réalité, ne communiquent pas : l'ordre de l'acte et

5. Éditions du Seuil, 1980.
6. *Op. cit.*, p. 17.
7. *Ibid.*, p. 38.
8. *Ibid.*, p. 39.

l'ordre du sens, le registre de la jouissance et celui de la connaissance. En répliquant « je promets » à « il faut savoir la vérité » – continue Shoshana Felman –, la stratégie du séducteur est paradoxalement de créer, dans un espace linguistique dont il a le contrôle, *un dialogue de sourds*. Car, en commettant des actes de langage, Don Juan littéralement échappe à la prise de la vérité. Bien qu'il n'ait pas le moins du monde l'intention de tenir ses promesses, le séducteur, strictement, ne ment pas, puisqu'il ne fait que jouer sur la propriété sui-référentielle de ces énoncés performatifs, et accomplit effectivement les actes de parole qu'il dénomme »[9]. J'ai cité longuement pour bien dégager l'argumentation de Shoshana Felman. En poussant cette logique prétendument sui-référentielle de l'acte de parole à l'extrême, on pourrait presque dire que Don Juan séduit parce qu'il parle pour ne rien dire. En réalité, Elvire et Charlotte, par exemple, qui ont toutes deux émis des promesses non tenues et même rompues, sont tout à fait capables de parler la même langue que celle de Don Juan. Leur déception ne vient pas du fait que leur interlocuteur parle un autre langage, mais du fait que le recours à la promesse déclenche un *jeu intersubjectif*, un *rapport d'implication* qui englobe les deux partenaires. La promesse entraîne en effet l'auditeur dans un rapport de dépendance passive et active. Passive, en tant que témoin; active, en tant que destinataire brusquement soumis à la nécessité de répondre à cette promesse. Un homme ne se promet pas le mariage à lui-même, il le promet *à* une femme qui ne peut être ni indifférente ni privée d'intérêt pour cette promesse. Promettre le mariage, c'est supposer que la destinataire de cette promesse est prête à accorder à son destinateur une récompense (son amour, son corps, des enfants). Quand Don Juan promet le mariage, il déclenche donc bien autre chose qu'une simple promesse d'amour instantanée qui ne serait qu'auto-référentielle et qui exploiterait – pour citer encore

9. *Op. cit.*, p. 39.

une fois Shoshana Felman – « la structure spéculaire du sens et [les] capacités réflexives du langage »[10]. La promesse contient en effet une *condition* implicite, que l'on pourrait exprimer ainsi : « *si* je t'épouse, *alors* tu me donneras ton corps », condition qui suppose une condition réciproque, à savoir : « *si* tu m'épouses, alors tu auras mon corps ». Ce n'est donc pas grâce à la prétendue « structure spéculaire du sens » que Don Juan séduit, mais grâce à la condition implicite de réciprocité qu'il active en recourant à la promesse. Sinon, pourquoi promettre, pourrait-on demander naïvement ? La promesse repose en effet sur un contrat fiduciaire implicite – pour reprendre un terme de Greimas –, c'est-à-dire sur un consensus implicite liant les *deux* partenaires de la promesse. Lorsque Searle, dans la liste de conditions et de règles qu'il élabore au sujet de la promesse comme acte de langage, ne parle que d'un locuteur *(speaker)* et d'un auditeur *(hearer)*, il laisse supposer que la promesse est sans destinataire, du moins sans destinataire *impliqué* par cette promesse. L'auditeur se contenterait-il d'être une sorte de témoin *muet* et *passif* de l'acte de langage, sans aucune obligation de réponse ? Ne serait-ce pas cette hypothèse qui amènerait Shoshana Felman à négliger la condition contenue dans la promesse et son contenu implicite ? Ce fait reste non élucidé. Pourtant, si Don Juan déçoit, c'est précisément parce qu'il amène ces femmes qu'il séduit, à *s'engager*, à la suite de la séduction, dans un rapport d'implication implicite, c'est-à-dire à répondre à la promesse par une autre promesse – celle de leur disponibilité amoureuse – et cela, au prix d'une rupture préalable de promesse, dans certains cas. Je ne lirai donc pas dans la rupture de promesse le caractère « intenable » de la promesse en général, mais le fait que la promesse qu'un destinataire accepte d'un destinateur l'implique corps et âme, et peut par là même créer un conflit avec une autre promesse préalable et entraîner la rupture de cette autre promesse qui fait obstacle :

10. *Op. cit.*, p. 41.

il peut par conséquent s'agir d'un conflit entre promesses, qui crée un dynamisme de forces, une tension entre des formes ou bien d'un conflit inscrit dans la promesse, parce qu'elle met en jeu un rapport d'implication. C'est cette implication réciproque d'un destinateur et d'un destinataire, dont la place est interchangeable, qui engendre la déception, la passion de la déception, dont l'apparition serait incompréhensible si la promesse ne relevait, comme semble le croire Shoshana Felman, que du performatif dont abuse Don Juan – je la cite une dernière fois – «en exploitant la capacité auto-réflexive du langage pour produire par le sui-référentiel des illusions référentielles, l'acte même de la production d'illusions référentielles s'excéd[ant] lui-même vers le référentiel»[11]. Car, ajoute Shoshana Felman, «la langue n'est pas un constat du réel, un simple reflet du référent ou sa représentation mimétique; bien plutôt, le référent est lui-même produit par la langue comme son propre *effet*»[12]. Effectivement, si c'est la langue qui crée le référent, la promesse peut se suffire à elle-même comme acte de langage auto-référentiel, puisque la langue ne renvoyant qu'à elle-même, elle ne peut créer de référent extérieur à elle-même. En d'autres termes, Don Juan parle dans un vide référentiel ou ne crée que des illusions référentielles. Nous retrouvons là le dogme nominaliste sur lequel semble s'appuyer Shoshana Felman. Je pense pour ma part que, si Don Juan déçoit, c'est en raison du jeu ironique auquel il se livre par rapport à une réalité lourdement référentielle. Il utilise la promesse de mariage, car elle joue sur une réalité sociale dont les composantes fiduciaires sont connues de toutes et de tous. Bien loin de créer une «illusion référentielle», il colle littéralement à une règle totalement explicite dont il n'assume pas les conditions. Il a d'ailleurs épousé Elvire, ce qui tendrait à prouver que le mariage n'est pas une «illusion référentielle» créée par le langage, mais plutôt

11. *Op. cit.*, p. 108.
12. *Op. cit.*, p. 104.

une *institution*, une réalité « créée par le langage », puisque l'acte de langage qu'est la promesse de mariage, qui est inscrite dans un rapport humain, crée à son tour un *lien* fondé sur un croire intersubjectif.

La promesse implicite et le don

Si nous nous tournons maintenant vers les autres cas de déception évoqués par le texte de *Dom Juan*, nous assistons à la déception du créancier de Don Juan, M. Dimanche, créancier non remboursé, ou plutôt payé de mots, auquel Don Juan ferme ironiquement la bouche (IV, 3); nous sommes témoins également de la déception de Don Louis, le père de Don Juan, qui considère « ce fils [qu'il a obtenu] en fatiguant le Ciel de [ses] vœux, [comme] le chagrin et le supplice de cette même vie dont [il *croyait*] qu'il devait être la joie et la consolation » (IV, 4) – nous constatons une fois encore la présence d'un croire intersubjectif (c'est moi qui souligne) –; enfin, nous entendons les cris de déception de Sganarelle, privé de ses gages par la mort de son maître (V, 6). Pouvons-nous dire, dans ces trois cas, que la déception est engendrée par une promesse explicite? Don Juan use bien de performatifs envers M. Dimanche: «*Je vous prie encore une fois d'être persuadé que je suis tout à vous*» (IV, 3), mais la promesse reste extrêmement vague. Il joue sur l'existence d'une dette, explicitement reconnue – « Je sais ce que je vous dois» –, mais il ne s'engage nullement à la rembourser, de même qu'à aucun moment il n'est question dans la pièce d'une promesse de gages à Sganarelle. La mort prématurée de Don Juan prive définitivement Sganarelle des gages auxquels il avait droit. Ce cas de force majeure n'empêchera pas Sganarelle de crier sa déception à la fin de la pièce. Quant à Don Louis, il est évident que sa déception est celle d'un père déçu dans sa paternité. Mais quel enfant fait à ses parents des promesses explicites de bonne conduite? Suppose-t-on qu'un nouveau-né promette

solennellement vouloir correspondre en tous points aux
attentes que ses parents nourrissent à son sujet? Non, bien
sûr! Et pourtant, que de parents déçus, de par le monde, par
le comportement de leur descendance!

Ne pourrait-on pas considérer que, *sous la promesse*, il y
a *le don*, au sens où Marcel Mauss l'évoque dans son «Essai
sur le don»[13], comme acte fondateur et constitutif implicite
de tout registre social? En effet, écrit Jean Cazeneuve,

> l'idée générale sur le don, c'est que les sociétés sont animées par
> des mouvements d'échanges entre les groupes qui les composent,
> c'est aussi que ces échanges constituent des faits sociaux totaux
> par excellence, car ils mobilisent tous les aspects de la vie
> collective, et c'est enfin que ces échanges ne sauraient être conçus
> comme des actes commerciaux régis par l'intérêt et le principe du
> troc, mais doivent au contraire s'expliquer par un principe non
> économique qui oblige les individus ou les groupes à faire des
> dons, à accepter des dons et à rendre ce qu'on leur a donné.[14]

Le don, sous ses formes multiples, structure tous les actes
d'une société et

> tout, nourriture, femmes, enfants, biens, talismans, sol, travail,
> services, offices sacerdotaux et rangs, est matière à transmission et
> reddition. Tout va et vient comme s'il y avait échange constant
> d'une *matière spirituelle* comprenant choses et hommes, entre les
> clans et les individus, répartis entre les rangs, les sexes et les
> générations.[15]

13. Marcel Mauss, «Essai sur le don», in *Sociologie et anthropologie*, PUF, 1966.
14. Jean Cazeneuve, *Mauss*, «Philosophes», PUF, 1968, p. 27.
15. «Essai sur le don», *op. cit.*, p. 163-164. C'est moi qui souligne.

« Présenter quelque chose à quelqu'un, c'est présenter quelque chose de soi », ajoute Marcel Mauss[16], ce qui entraîne la nécessité de

> rendre à autrui ce qui est en réalité *parcelle de sa nature et substance*; car accepter quelque chose de quelqu'un, c'est accepter quelque chose de son essence spirituelle, de son âme; la conservation de cette chose serait dangereuse et mortelle et cela non pas simplement parce qu'elle serait illicite, mais aussi parce que cette chose qui vient de la personne, non seulement moralement, mais physiquement et spirituellement, cette essence, cette nourriture, ces biens, meubles ou immeubles, ces femmes ou ces descendants, ces rites ou ces communions, *donnent prise magique et religieuse sur vous.*[17]

Le don, le *potlach*, ont permis à Mauss d'élaborer une théorie générale de l'obligation, obligation de donner, obligation de recevoir et obligation de rendre, qui constituent des formes contraignantes d'échange matériel et spirituel en dehors desquelles un individu ne saurait appartenir à un groupe social. Ce registre de l'obligation est infiniment plus complexe que celui défini par Searle au sujet de la promesse comme acte de langage. Il s'agit en effet d'une *inter*-obligation, bi- ou plutôt pluri-latérale et non d'une obligation unilatérale, comme chez Searle.

Michel Serres, s'inspirant de Mauss, a très bien montré dans un article de la revue *Critique* de 1968, intitulé « Le don de Dom Juan ou la naissance de la comédie »[18], que le Don Juan de Molière ne respecte aucune des règles de l'échange symbolique, ni sur le plan religieux, ni sur le plan amoureux, ni sur le plan financier. Il rend *à côté*: il paie ses dettes sous forme de mots, il donne de l'argent en revanche pour obtenir un blasphème, il gifle Pierrot qui lui a sauvé la

---

16. *Op. cit.*, p. 161.
17. *Ibid.*, c'est moi qui souligne.
18. Michel Serres, « Le don de Dom Juan ou la naissance de la comédie », *Critique*, mars 1968, n° 250.

vie, il offre l'instant érotique contre la foi jurée qui engage la vie, il répond aux paroles par le silence ou l'ironie (devant son père et devant M. Dimanche). Il inverse binairement les règles de l'échange ou bien les croise... et par là déçoit. Car refuser de respecter les règles du don – ce qui est toujours possible –, c'est refuser de répondre à une *attente* qui est inscrite dans tous les rouages du fonctionnement symbolique d'une société, c'est se soustraire à la logique de l'obligation générale, qui fait d'un sujet un être social, c'est se mettre hors la loi. C'est pour cette raison qu'un père et une mère qui donnent la vie à un enfant, au nom de la logique du don – donner, accepter, rendre –, sont en droit d'attendre que leur rejeton rende ce don qu'il a accepté – sans doute malgré lui, mais telle est la règle. Il est vrai qu'on répond souvent « mal » au don parental, pour de multiples raisons ; mais là n'est pas la question. L'attente légitime des parents, selon la logique du don, permet de comprendre leur déception fréquente devant leur progéniture. Car la paternité et la maternité signent un contrat fiduciaire implicite, qui implique la prise en charge des enfants, et qui sous-entend par là même que les enfants assurent la réciproque. Paternité, maternité et « infantilité » sont par conséquent une promesse tacite, qui implique les parents et les enfants, les destinateurs et les destinataires, dans un rapport de dépendance obligationnelle. Il n'est pas nécessaire de recourir à l'usage de performatifs pour promettre. La promesse est en effet inscrite implicitement dans le rapport du maître avec le serviteur – gages contre travail – ou dans celui du client avec le commerçant – prix payé contre objet (bien) exécuté – ou encore dans celui d'un noble avec un autre noble – duel contre affront –, bref, la promesse est inscrite dans tous les faits sociaux, sous l'aile déployée de la logique du don ou de l'échange.

Conclusion

La déception désigne donc un registre de la promesse qui excède celui du simple acte de langage et l'étend au champ beaucoup plus large du don. Réduire la promesse à un pur acte de langage ôte en effet à la promesse toute sa dimension d'implication fiduciaire, pourtant essentielle si l'on veut saisir tout l'implicite qui sous-tend le registre passionnel de la déception, activé par la promesse non tenue ; promesse qui peut être explicite, dans le cas du recours aux performatifs, et/ou implicite dans tous les cas – et ils sont nombreux – de l'échange symbolique. La promesse semble être par conséquent une composante de la logique du don, de la logique d'obligation qui règne entre les sujets sociaux. Tout peut être lu comme don et comme promesse, donner un rendez-vous, faire des compliments, inviter à dîner, bien sûr, prêter des livres, séduire et se laisser séduire, etc., car tous ces actes, des plus banals aux plus inhabituels, font entrer le sujet dans un rapport d'implication à l'autre, qui rejaillit sur soi, dans un échange de « matière spirituelle » comme le dit Mauss. Et si Don Juan déçoit, ce n'est pas seulement parce qu'il promet le mariage à Charlotte et à Mathurine et ridiculise ainsi la promesse du don qu'*elles* pourraient lui faire, à savoir celle de cette « matière spirituelle » qu'est la féminité – cela n'est en effet qu'*un* épisode tout à fait explicite de promesse non tenue et de déception (dont il est à remarquer, au passage, qu'il représente l'exemple presque unique auquel recourt Shoshana Felman dans son analyse de la promesse). Don Juan déçoit en fait, parce qu'il bafoue – souvent avec beaucoup d'ironie[19] –, toutes les promesses implicites contenues dans le jeu du rapport à l'autre, dans le jeu de

---

19. L'ironie de Don Juan consiste à partir *littéralement* des normes de ses victimes (oui, il craint le ciel autant qu'Elvire ; oui, il a une dette envers M. Dimanche ; il constate en effet que son père parle : il serait mieux assis !), à adopter fidèlement le signifiant de ces normes et à en déplacer l'interprétation, par le retournement des prémisses, par la surenchère ou par la dérision silencieuse.

l'échange symbolique. Loin de tirer simplement profit de l'écart qui séparerait sens et référent, pour créer la confusion, grâce au « ratage » implicite qui existerait entre énonciation et énoncé, comme l'affirme Shoshana Felman[20], Don Juan se joue *ironiquement* des règles de l'échange, précisément parce qu'il les connaît parfaitement (« La belle chose de vouloir se piquer de l'honneur d'être fidèle... » (I, 2) déclare-t-il à Sganarelle, lorsqu'il prépare l'enlèvement d'une jeune fiancée) et engendre la déception en opérant des déplacements volontaires à l'intérieur de la logique du don, tels que le croisement, le retournement ou la substitution d'objets.

« Promettre » est donc beaucoup plus que performer un « je promets » langagier explicite. Promettre serait en effet constater – et puis peut-être accepter ou refuser – que tout sujet humain est entièrement modalisé, pris, par la force des choses, dans un tourbillon d'effets de sens et d'échanges, qui le contraignent à jouer un jeu rituel, impliquant un croire, dont les règles sont préalablement définies et ancrées dans une réalité donnée, fonctionnant comme « matière spirituelle ».

MARYSE LAFFITTE
Université de Copenhague

20. *Op. cit.*, p. 154.

LE GAGE

I. Équivalent local et équivalent fatal

Le point de départ de ces brèves réflexions sur le gage est constitué par l'objet bien connu qu'est l'anneau de fiançailles. Dans ce qui va suivre, il fait fonction de gage-modèle, de protogage.

L'anneau de fiançailles établit un pacte d'attente entre deux personnes, devenus ainsi deux *relata* maintenus en place par le biais d'un objet singulier ayant la fonction d'un équivalent local; les deux relata se trouvent ainsi dans la même attente de quelque chose: ils attendent idéalement la même chose du déroulement du temps, et l'équivalent local signale qu'au fond leur relation est plus forte que l'attente et que l'insécurité engendrée par un futur inconnu. Le gage, l'anneau de fiançailles, plutôt que de symboliser un futur commun établit une communauté dans le présent, crée donc un lien dans ce temps-ci.

Si l'on veut circonscrire les éléments constituant les prémisses ou les conditions du gage, il me semble que quatre points peuvent être décrits comme faisant partie d'une définition du gage, du gage à l'état brut, pourrait-on dire:

1) La préexistence des relata (deux ou peut-être plusieurs): la relation sous-entendue faisant problème, à cause de l'impossibilité d'une fusion ou d'une communauté

immédiate, par exemple, le gage est introduit comme annonciateur et comme stabilisateur dans une situation privée de dénouement immédiat. Il stabilise donc, mais pas seulement à cause de ce manque, de cette absence de futur, mais aussi par rapport à un présent, ou plutôt à un « pré-présent » ; car avant l'introduction du gage, il y a eu tension ou élan, il y a eu mouvement, propulsion vers un but que les relata ne peuvent pas atteindre, ou du moins pas ensemble, pas en même temps. Dans le pré-présent, le gage a donc été annoncé, et l'établissement du gage comme équivalent local entre les relata arrête les tensions de ce pré-présent-là.

2) Dans le cas de l'anneau de fiançailles, le gage est visible, il n'y a pas de secret sur son identité. Sa matière, noble ou triviale, est secondaire. L'objet n'a pas besoin d'avoir été cherché, il n'y a pas eu de quête, son introduction comme objet-gage est immédiate : il suffit en effet qu'il y ait commun accord entre les relata sur sa fonction de gage pour qu'il acquière cette fonction. Même l'extrême accessibilité et une grande simplicité de sa forme ou de sa matière ne changent rien à l'efficacité et à l'autorité de sa fonction de gage.

3) La seule qualité nécessaire du gage est son caractère transportable. Le temps de cet équivalent local étant un temps ouvert, un mouvement commun, pour les deux relata, vers un futur possible, il doit pouvoir maintenir sa fonction de gage contre vents et marées. Un cœur tracé dans le sable par les doigts des deux relata et éventuellement signé par deux noms ou deux majuscules me semble par exemple plutôt être de l'ordre du mot d'amour, *i.e.* du texte prometteur. Dans le cas de l'échange des anneaux, on peut argumenter que tout n'a pas encore été fait ; mais on peut aussi argumenter que dans ce cas-là tout a été dit, qu'une promesse est réalisée et matérialisée dans l'objet-gage. En tout cas, elle est littéralement « tenue ».

4) A part le caractère transportable mentionné, inhérent à tout objet faisant fonction d'équivalent, l'équivalent local ne nécessite pas d'autres qualités intrinsèques. Il peut être fait de

matière naturelle ou de matière industrielle, aussi anonyme que l'on veut. Il suffit qu'il se trouve dans le même monde que les relata et qu'il soit choisi par eux. Sa fonction liante ou nouante ne constitue donc pas une qualité intérieure, une part cachée de l'objet pour ainsi dire dévoilée par le choix des relata. La qualité est toute dans la tension et dans l'élan de la pré-présence que l'objet-gage doit maintenir en l'incarnant. Il n'est pas un *go-between*, un porteur de messages, mais un *stay-between,* un stabilisateur de messages. D'où son manque de transcendance, l'absence de tout caractère d'œuvre d'art.

Cela nous amène à poser le problème des variantes, car il suffit de peu de choses pour que le caractère d'équivalent local soit transformé en autre chose et la fonction de gage subordonnée à d'autres fonctions :

1) S'il n'y a pas de consensus préalable sur l'existence d'une relation *in actu*, il y a peut-être deux parties, mais il n'y a pas deux relata avec statut d'égalité en ce qui concerne le degré de tension ou d'élan en direction d'un en-gage-ment. D'une part ou de l'autre une initiative unilatérale peut être entreprise avec par exemple le don d'un objet parti-culier, d'un cadeau-hommage, qui symbolise le désir de lien ou d'engagement mutuel. Ce registre des dons ou des sacrifices apparaît bien sûr souvent avant la constatation espérée de l'engagement mutuel, *i.e.* de l'établissement de l'équivalent local. Ce registre peut disparaître avec cet établissement.

2) Le gage relève comme phénomène de la technique symbolique, c'est-à-dire qu'il y a partage d'une façon ou d'une autre[1]. Si nous quittons notre protogage, l'anneau de

1. Cf. Marcel Mauss : « En effet, [...] le gage accepté permet aux contractants du droit germanique d'agir l'un sur l'autre, puisque l'un possède quelque chose de l'autre, puisque l'autre, ayant été propriétaire de la chose, peut l'avoir enchantée, et puisque, souvent, le gage, coupé en deux, était gardé par moitié par chacun des deux contractants. » « Essai sur le don » (1923-1924), dans *Sociologie et anthropologie*, PUF, Paris, 1973, p. 253.

fiançailles, en diminuant l'évidence et donc le caractère visible de la fonction de gage, l'acte d'établissement du gage et sa matière augmentent en importance. Examinons, par exemple, l'histoire de Juda et de Tamar (Genèse 38, 15) : Tamar est la veuve de Er, premier fils de Juda, et Juda lui a promis son fils Shéla, le benjamin, comme époux. Le fils cadet atteint l'âge adulte, et Tamar ne lui est toujours pas donnée pour femme :

> On informa Tamar en ces termes : "Voici que ton beau-père monte à Timna pour la tonte de son troupeau." Elle retira ses habits de veuve, se couvrit d'un voile et, s'étant rendue méconnaissable, elle s'assit à l'entrée d'Einaïm qui est sur le chemin de Timna. Elle voyait bien en effet que Shéla avait grandi sans qu'elle lui soit donnée pour femme.
>
> Juda la vit et la prit pour une prostituée puisqu'elle avait couvert son visage. Il obliqua vers elle sur le chemin et dit : "Eh ! Je viens à toi !" Car il n'avait pas reconnu en elle sa bru. Elle répondit : "Que me donnes-tu pour venir à moi ? – Je vais t'envoyer un chevreau du troupeau", dit-il. Elle reprit : "D'accord, si tu me donnes un gage jusqu'à cet envoi. – Quel gage te donnerai-je ? dit-il. – Ton sceau, ton cordon et le bâton que tu as à la main", répondit-elle. Il les lui donna, vint à elle, et elle devint enceinte de lui. Elle se leva, s'en alla, retira son voile et reprit ses habits de veuve.
>
> Juda envoya le chevreau par l'intermédiaire de son ami d'Adoullam pour reprendre le gage des mains de la femme. Celui-ci ne la trouva pas et interrogea les indigènes : "Où est la courtisane qui était sur le chemin à Einaïm ? – Il n'y a jamais eu là de courtisane", répondirent-ils. Il revint à Juda et lui dit : "Je ne l'ai pas trouvée et les indigènes ont même déclaré qu'il n'y avait pas là de courtisane." Juda reprit : "Elle sait s'y prendre ! Ne nous rendons pas ridicules, moi qui lui ai envoyé un chevreau et toi qui ne l'as pas trouvée !"
>
> Or, trois mois après, on informa Juda : "Ta bru Tamar s'est prostituée. Bien plus, là voilà enceinte de sa prostitution ! – Qu'on la mette dehors et qu'on la brûle !", répartit Juda. Tandis qu'on la mettait dehors, elle envoya dire à son beau-père : "C'est de l'homme à qui ceci appartient que je suis enceinte." Puis elle

dit: "Reconnais donc à qui appartiennent ce sceau, ces cordons, ce bâton!" Juda les reconnut et dit: "Elle a été plus juste que moi, car, de fait, je ne l'avais pas donnée à mon fils Shéla." Mais il ne la connut plus.

Tamar a reçu une promesse sans gage, elle est dans l'attente, mais rien ne stabilise cet état de tension. Il lui faut faire surgir ce gage par le biais d'un échange symbolique. Le gage est établi par ruse, car Tamar simule un échange de type économique, les signes d'autorité et d'identité patriarcales de Juda servant d'équivalent dans cette situation. Ces signes possèdent les qualités d'autorité et d'identité avant d'être transformés en gage. Dans la situation de l'établissement du gage, ces qualités suivent leurs objets, et, dans les mains de Tamar, ces objets signalent un statut d'attente plus légitime et plus précis que celui de l'état de veuve, promesse orale incluse. Dans une économie sans équivalent général (comme l'argent) l'équivalent-fétiche peut faire fonction d'équivalent symboliquement général. Les qualités d'autorité et d'identité patriarcales préexistant à l'échange, «touchent» au statut de la personne porteuse de ces objets. Ces objets me semblent donc «fatals» dans le sens employé par Jean Baudrillard et d'une certaine façon aussi «ironiques»[2]. Car, alors que le gage donné à Tamar devait porter sur un échange économique, ce même gage transforme un état préexistant d'attente et de promesse non tenue en attente établie et reconnue. Tamar n'aura jamais Shéla pour époux et elle ne sera pas intégrée ultérieurement au système parental de Juda. Cependant, sa situation ambiguë de femme «promise» sera connue de la communauté et reconnue par elle. Le gage transforme en destin public ce qui était ambiguïté privée. Car l'équivalent fatal n'est pas un réalisateur d'unité, il ne fait que stabiliser l'ambiguïté ou la séparation. Ambiguïté et

2. Cf. Jean Baudrillard, *Les Stratégies fatales*, Grasset, Paris, 1983. Surtout le chapitre «Les stratégies ironiques», où il est question du «malin génie de l'objet» comme chez Mauss et Stevenson (voir la seconde partie de cet article).

séparation qui suivront Tamar jusque dans ses couches : elle mettra au monde des jumeaux mâles, mais il lui sera impossible de désigner l'aîné !

3) Si le caractère transportable du gage l'emporte sur celui d'un objet particulier, le caractère d'équivalent économique l'emporte également sur celui d'objet-fétiche ou d'objet fatal. Cela est évidemment le cas pour l'équivalent général, bien mobile d'une telle valeur universellement reconnue, que sa seule quantité compte. D'où l'emploi du mot gage (au pluriel) en français (ou en danois) dans le sens de salaire.

4) S'il y a augmentation de la valeur du gage sans augmentation (ou peut-être avec diminution) de son caractère transportable, l'objet peut néammoins continuer de fonctionner comme gage après un commun accord. Cela est le cas de l'hypothèque, où le prêteur sur gages échange de l'équivalent général contre un objet de valeur reconnue, mais qui n'est pas mis en circulation économique pour des raisons de difficulté matérielle ou à cause d'un manque d'accord culturel. Cet objet peut aussi bien être investi par une idée de valeur à cause de sa matière qu'à cause de son caractère d'objet ouvragé ; et dans ce dernier cas, la gamme des gages possibles pour le prêteur sur gages est pratiquement illimitée, comme nous le verrons par la suite.

Finalement, il y a aussi le cas où le caractère transportable du gage et sa valeur diminuent. La fonction du gage devient alors celle d'un objet immobilisateur comme le boulet au pied du forçat. L'enjeu assuré par ce gage particulier ne reste pas moins de taille et rappelle celui du gage humain, l'otage, le prisonnier ainsi immobilisé étant une espèce d'otage de la loi face au crime. Cependant, avec cette qualité immobilisante du gage, nos relata s'immobilisent également, les institutions prenant la place des humains. La fonction du gage comme stabilisateur reste, mais les êtres mobiles se voient remplacés par des pouvoirs, *i.e.* par des relata dont la force physique (et peut-être morale) est fondamentale pour l'établissement du gage.

II. *Pignus* ou le gage-enjeu

En italien, on traduit le mot gage par le mot *pegno*, et l'emploi du mot couvre plusieurs significations :

a. Celle du droit à un bien mobile d'un débiteur.

b. Celle du bien mobile directement.

c. Le sens figuré d'un signe liant, d'une garantie.

d. Et le sens d'un pari, sens désormais employé rarement[3].

Il pegno a pour origine le mot latin *pignus*, dérivé du verbe *pingo-pingere*, peindre, représenter, couvrir, embellir.

En latin *pignus-pignoris* a une signification dont l'emploi pèse fortement en direction de l'enjeu, tout en gardant bien-sûr aussi celui du gage-nantissement. Ainsi dans le sens de « donner en gage », *pignori opponere*, « recevoir en gage », *pignori accipere* et « s'assurer des gages », *pignora capere*. Mais à coté de la signification de caution ou d'hypothèque il y a aussi celle d'otage ou celle d'enjeu ; comme dans l'exemple « poser son enjeu », *pignus ponere*, ou « lutter avec quelqu'un en mettant un enjeu », *pignore certare cum aliquo.*

C'est ce caractère plus labile et plus virtuel du gage-enjeu, dominant la fonction de gage dans la culture romaine éminemment juridique, qui s'autonomise dans l'économie marchande et finit par hanter la littérature moderne de différentes manières, surtout négatives.

La scène de l'hypothèque, la figure du prêteur sur gages introduit ainsi un suspense dans le récit socio-culturel moderne, récit dominé en général par la réalisation de l'échange. Nos temps archaïques, tendus et pourtant stabilisés du protogage, tel l'anneau de fiançailles ou même les

---

3. Marcel Mauss note que cela était également le cas dans le droit germanique. Traitant de l'« engagement-pari » il souligne: « Car le mot *wette, wetten*, que traduit le *wadium* des lois a autant le sens de "pari" que celui de "gage" », *op. cit.* p. 254.

signes d'autorité patriarcale de Juda, sont transformés par l'économie de l'équivalent général. Dans cette économie, l'administrateur du *banco dei pegni* remplit une fonction « déduite » du caractère local ou fatal du gage primitif, et ce caractère prend une direction fictionnelle : un objet privé de grande ou de moindre valeur est soumis à tractation et si cet objet ou l'acte de son échange est investi par de forts sentiments d'attente ou des intérêts puissants, le récit est nourri par l'énergie narrative de la promesse négative, c'est-à-dire par la menace ; la menace de la pauvreté, de la perte de l'objet-gage et des relations souvent affectives (déduites de la fonction-anneau) maintenues par cet objet.

Cette énergie narrative est aussi mobile que la fonction de gage : alors que dans *La faim* de Knut Hamsun (1890) c'est le prêteur sur gages qui traite l'auteur pauvre de façon froide et méprisante, dans *Crime et châtiment* (1866) Rodion Romanovic Raskolnikov transforme ce même mépris en métaphysique du crime. C'est ce flux de l'énergie fictionnelle mobilisé par la transformation de la menace en meutre qui s'autonomise dans le genre littéraire du roman policier. Ainsi, dans *Fièvre au Marais* (1955) de Léo Mallet, le détectice privé Nestor Burma trouve le cadavre d'un prêteur sur gages à ce point scélérat, qu'il prenait même en hypothèque les ours en peluche des enfants. Et dans ce même roman c'est un objet-gage qui contient le secret-nexus de la narration, à savoir une vieille carte du Quartier du Marais signalant l'emplacement d'un trésor.

Ce secret contenu dans le gage est celui d'un fétiche magique[4] dans *The Bottle Imp* (1891) de R.L. Stevenson ; ici la promesse de la réalisation du gage est ancrée dans une menace néfaste : un être diabolique est enfermé dans une bouteille opaque. Cet être peut satisfaire les vœux de son propriétaire, mais celui-ci ne doit pas se trouver en posses-sion de la bouteille au moment de sa mort, car, dans ce cas,

---

4. Cf. le lien entre magie et gage si souvent évoqué par Marcel Mauss, *op. cit.*

le malheureux finirait aux enfers. Or, l'échange de ce gage ne peut avoir lieu qu'en diminuant le prix de la bouteille à chaque échange ; si le prix n'est pas plus bas qu'au moment de l'achat, la bouteille colle littéralement au propriétaire tricheur. Par amour, et pour se débarrasser de sa lèpre (cf. le caractère virtuel-viral de l'échange analysé par Baudrillard), notre personnage principal achète la bouteille au plus bas prix possible dans les îles Hawaï ; il n'y a pas de monnaie plus basse que celle utilisée pour l'échange de la bouteille. Finalement, l'histoire de Stevenson appartenant à un registre édifiant, notre héros trouve une île dans un archipel voisin, où la plus petite pièce de monnaie hawaïenne peut être échangée contre deux pièces encore plus petites, et dans cette île un scélérat est prêt à garder la bouteille et à assumer le pacte définitif avec le diable.

Cette dimension faustienne du gage n'est pourtant pas évidente dans la culture anglo-saxonne : ici le *pawnbroker*, le « briseur de gage », n'est pas seulement « one who lends on the security of an article », mais bien plus un « middleman », un *go-between*. Cette figure de médiateur – par exemple dans les vestes du *stockbroker* – caractérise en fait le film de Sidney Lumet *The Pawnbroker* (1964) : ici le prêteur sur gages est incarné par Rod Steiger, juif errant et tragiquement touché par la Shoah, devenu donc *pawnbroker* dans un bas quartier de New York. Il n'est pas froid et méprisant, mais surtout frappé d'apathie, affect sublime selon Kant[5] et donc transformable en douleur profonde et finalement assumée par le « briseur de gage » à cause du geste héroïque d'un jeune délinquant portoricain.

Cette dimension du gage-enjeu comme gage-médiation peut également être constatée chez certains philosophes : l'emploi du terme est existentiel chez Schopenhauer, pour qui la vie est vécue par les êtres humains comme un

---

5. Cf. *Critique de la faculté de juger* (1790), Gallimard-folio, Paris, 1985, p. 217. Trad. sous la direction de F. Alquié.

« anvertrautes theures Pfand », c'est-à-dire « un gage cher et confié »[6]. Nous recevons ce gage sans l'avoir « vu » à l'avance, nous ne savons pas en quoi il consiste, et cependant nous l'assumons en toute confiance. La vie est une espèce de gage entre nous et la mort, gage reconnu comme tel, mais sans connaissance, sans compréhension de sa matière.

Alors que la vie comme gage, pour Schopenhauer, est une espèce de terrain vague entre la volonté de l'homme et le néant, ce terrain est évoqué de manière tout à fait différente dans la philosophie de Søren Kierkegaard : si le Christ s'est engagé du côté des humains, il l'a fait par amour pour nous et par compassion pour notre situation dans cette vallée de larmes. Ses œuvres d'amour ont étés accomplies sans contrepartie[7], et ces œuvres constituent des actes sans transcendance. Elles sont plutôt de l'ordre des cristallisations de l'amour. Ces gages brillent comme des évidences, des anneaux que chacun peut porter, sans pacte, sans contrepartie, sans échange, mais aussi sans garantie.

CARSTEN JUHL
Académie Royale des Beaux-Arts,
Copenhague

---

6. In *Die Welt als Wille und Vorstellung* II, Erster Teilband, Diogenes, Zürich, 1977, p. 419.

7. Comme le sont les œuvres d'art, ajouterons-nous, bien que l'esthétique de Kierkegaard n'ait pas de relation définitive avec la fonction de l'œuvre d'art.

TOUT SIGNE EST UNE PROMESSE

Note sur l'habitude du croire
selon C. S. Peirce[1]

> Aucune catastrophe, aucune passion, aucune idée n'est en soi-même surprenante, imprévisible : il y avait des indices que nous n'étions pas capables de voir ou que nous ne voulions pas prendre en considération. De cette manière, la réalité est un palimpseste que, parfois à cause d'une paresse ou de lâcheté, d'autres fois à cause de maladresse, nous n'avons lu que de manière superficielle, de sorte que nous nous sommes contentés des signes les plus prononcés ou d'énoncés où la tendance à l'erreur des sens n'est pas toujours vraie. [2]

La nature fondamentale de la promesse consiste dans "l'espérance" ou bien dans la "croyance". Et peu importe si elle est un échange linguistique entre deux individus juridiques ou une espérance sur le comportement général des phénomènes, la promesse sera toujours composée autour d'un savoir fondamental plus un aspect futuriste. Quand nous promettons, nous transmettons des signes. La transmission des signes – la signification – est la forme fondamentale de l'échange. L'échange devient nuancé au moment où le signe ou les signes donnés sont interprétés. L'interprétation se réfère toujours au futur puisque le signe doit être lu ou interprété comme appartenant à un type général. Et les

---

1. Traduit par Merete NISSEN.
2. Cristina Peri Rossi, dans *Indicios pánicos*, Montevideo, 1970.

types généraux ou les symboles, comme les appelle Peirce, se réfèrent toujours au futur :

> *A symbol is a law, or regularity of the indefinite future*
>
> (2.293)[3]

Il en est de même pour la promesse ; elle se réfère à un futur, un *indefinite future*. La signalisation impliquée dans la promesse est donc à concevoir comme l'indication d'une possibilité actuelle représentée dans différentes structures d'espérance. Basiquement, ces structures sont composées comme des conclusions logiques, des jugements.

> *Of course, every expectation is a matter of inference. For our present purpose it is sufficient to say that the inferentiel process involves the formation of a habit. For it produces a belief, or opinion ; a belief need not be conscious. When it is recognized, the act of recognition is called by logicians a judgment.* (2.148)

L'interprétation de ce signe, qui dans la promesse indique un événement futur potentiel, est à concevoir comme des structures d'espérance qui agissent comme *beliefs* ou *intellectual habits*. Mais vu que ceux-ci sont des règles générales, l'interprétation sera toujours soumise à un certain *vagueness* puisque "le général" représente uniquement les règles pour un comportement futur.

> *Whatever is truly general refers to the indefinite future ; for the past contains only a certain collection of such cases that have occurred. The past is actual fact.[...] The future is potential, not actual .* (2.148)

L'espérance fonctionne dans la promesse comme une règle qui ne parle pas explicitement d'actes, de moments, de

---

3. Charles Sanders Peirce, *Collected Papers,* vol. 2, § 173. Dans la suite, le premier chiffre se réfère au volume, les autres au paragraphe.

noms spécifiques etc., mais uniquement de nos dispositions mentales.

An expectation is a habit of imagining. A habit is not an affection of consciousness ; it is a general law of action, such that on a certain general kind of occasion a man will be more or less apt to act in a certain general way. (2.148)

Le savoir spécifique ou les faits spécifiques se réfèrent exclusivement au passé et c'est l'interprétation analysante de celui-là qui rend possible la notion que dans des circonstances imaginables, une personne ou un autre phénomène se comporterait plus ou moins de la même manière dans le futur que dans le passé, dans les mêmes circonstances.

Le savoir spécifique se trouve donc déposé dans le passé, et la représentation des faits spécifiques doit être vue comme des règles qui valent généralement pour des actes futurs. Ces règles générales sont aussi nommées *intellectual habits* et ceux-là règlent le comportement des événements potentiels dans le futur. Dans la promesse, l'interprétation de la signification devient donc l'établissement de ces *habits*; c'est à la logique d'établir ceux-là.

Logic may be defined as the science of the laws of the stable establishments of beliefs. (3.429)

Et ce que Peirce appelle *exact logic* s'occupe des conditions de la "coutume" de la logique :

Then, exact logic will be that doctrine of the conditions of establishment of stable belief which rests upon perfectly undoubted observations and upon mathematical, that is, upon diagrammatical, or, iconic, thought. (3.429)

Et, plus loin :

Such a method of forming a diagram is called algebra. All speech is but such an algebra, the repeated signs being the words, which have relations by virtue of the meanings associated with them. (3.418)

Peirce mentionne qu'au fond la reconnaissance est à la base algébrique ou géometrique. Dans ce sens, les représentations algébriques formelles et quasi formelles sont à comprendre telles des concepts qui entreprennent une stabilisation iconique du sens. La compréhension ou la reconnaissance ne fonctionne pas par rapport aux phénomènes individuels et leurs sens éventuels, mais par rapport aux relations. On remarque la même tendance dans la sémiolinguistique moderne qui mentionne que ce ne sont pas les objets ou les phénomènes individuels en soi qu'il faut étudier, mais les relations. Le linguiste danois Louis Hjelmslev le formule ainsi :

> Cette reconnaissance qu'une totalité ne consiste pas dans des choses mais dans des relations et que pas la substance en soi mais uniquement ses relations extérieures et intérieures ont de l'existence scientifique, n'est certainement pas nouvelle dans la science, mais elle l'est – il faut le convenir – dans la linguistique.[4]

Hjelmslev mentionne aussi, que la linguistique doit se libérer d'une hypothèse métaphysique qui implique que les objets devraient être différents des termes des relations.

La signification est donc interprétée en relation aux "promesses" qui fonctionnent comme de sous-jacentes structures d'espérance de type général. Et ces structures représentent des "relations" entre des événements. Pour ainsi dire : une représentation du comportement régulier des phénomènes entre eux. Et avec le terme "comportement", Peirce pense au suivant :

4. *Omkring Sprogteoriens Grundlæggelse,* Copenhague, 1976, p. 22.

Let us use the word "habit", throughout this book, not in its narrower, and more proper sense, in which it is opposed to a natural disposition (for the term acquired habit will perfectly express that narrower sense), but in its wider and perhaps still more usual sense, in which it denotes such a specialization, original or acquired, of the nature of a man, or an animal, or a vine, or a crystallizable chemical substance, or anything else, that he or it will behave, or always tend to behave, in a way describable in general terms upon every occasion (or upon a considerable proportion of occasions) that may present itself of a general describable character. (5.538)

Nous voyons ici que les structures d'espérance consistent dans les "habitudes" envers lesquelles la nature comme la nature humaine tendent. Une nature qui est, elle aussi, représentée dans la langue, et dont l'effet dans la langue est plus ou moins le même que dans la représentation formelle des relations, à savoir que l'interprétation est générale et non pas spécifique.

Naturellement, il y a une différence entre la langue utilisée dans l'algèbre et la langue qui s'utilise dans l'échange linguistique entre des individus. Quand on étudie un diagramme qui représente des événements potentiels dans le futur, on va accepter le statut général du diagramme. Si l'on demande à un diagramme "quel événement?", la réponse sera: "N'importe quel événement que l'on puisse s'imaginer." C'est à peu près de cette manière-là que la théorie des catastrophes, basée sur les mathématiques, nous répondra quand nous voulons savoir quel est l'événement spécifique en jeu. Et pour ce qui concerne la logique, elle est aussi difficile comme partenaire de communication. Nous pouvons y trouver quelques règles générales pour la pensée comme: "l'homme est mortel", mais nous ne pouvons pas déterminer qui est mortel quand. L'interprétation de la signification qui est représentée en mathématique et dans la logique est très peu prometteuse en ce qui concerne l'apparition des événements spécifiques dans le temps. En plus, un "événement" est un phénomène difficile à manier parce qu'il est en même temps spécifique, singulier et – pour être compréhensible – il rentre dans une structure générale de la pensée. Un événement ne peut être identifié que par des notions stables.

> *There is every reason to suppose that belief came first, and the power of doubting long after. Doubt, usually, perhaps always, takes its rise from surprise, which supposes previous belief; and surprises come with novel environment.* (5.512)

Un événement est donc à considérer comme une surprise, comme quelque chose que l'on n'attend pas mais qui arrive quand même. La plupart des processus qui sont présents dans la nature ne sont pas conçus par nous comme des événements, puisque les *habits* qui constituent la nature ne sont pas, normalement, mis en doute. Nous ne voyons pas un objet qui tombe comme un événement parce que personne ne doute des lois de la gravitation, mais quand nous avons vu, pour la première fois, un homme marcher sur la lune, cela a été un événement parce que nous ne nous sommes pas imaginés un monde avec un autre type de gravitation que le nôtre.

> *A proposition that could be doubted at will is certainly not believed. "For belief, while it lasts, is a strong habit, and as such, forces the man to believe until some surprise breaks up the habit."* (5.524)

L'événement existe à partir du moment où une habitude intellectuelle précise nommée *belief* se rompt. Mais l'événement ne peut pas être compris sans la régularité ou l'ordre existant dans le *belief*. Mais la plupart de nos *beliefs* ou structures d'espérances sont inconscients et agissent automatiquement d'une façon pratique jusqu'à ce qu'ils soient commentés par un événement. Et celui-ci consiste dans la non-réalisation d'une promesse donnée, vue comme une espérance.

We cannot know anything except it be a uniformity. [...] I'm simply suggesting, first, that an event altogether out of order and presenting no regularity could not come to our knowledge at all and second, that only in respect to its being orderly can we know it. (2.452)

Les événements ne possédant pas un degré d'ordre quelconque sont donc impensables, puisque il y aura toujours d'une façon ou d'une autre une sorte d'espérance à la lumière de laquelle l'événement sera aperçu comme une irrégularité ou une variation.

La dimension algébrique mentionnée ci-dessus est à voir comme une interprétation ou une médiation iconique de cette relation qui existe entre le passé, vu comme des *facts* vécus (aussi appelés "expérience"), et l'influence de ces derniers sur le futur, vu comme des tendances générales. Dans l'échange concret entre des individus qui parlent, ces représentations schématiques seront exprimées dans la langue comme des concepts généraux qui, d'un côté, rendent possible la communication, mais, de l'autre, la rendent "vague".

No communication of one person to another can be entirely definite, i.e., non-vague.

Cela d'un côté, parce que la signalisation ou l'échange doit être interprété dans des cadres d'un contexte spécifique qui doit être indiqué. Et d'un autre côté, parce que l'interprétation dépend aussi de la capacité des individus d'identifier les phénomènes spécifiques appelés *facts* ou *experience*. Peirce mentionne que la signification des mots concerne l'association à travers la ressemblance, alors que la capacité de reconnaître les expériences ou les *facts* est dépendante de l'association à travers la proximité.

> *It is not language alone, with its mere associations of similarity, but the language taken in connection with the auditor's own experiential associations of contiguity, which determines what [...] is meant. It is requisite then, in order to show what we are talking or writing about, to put the hearer's or reader's mind into real, active connection with the concatenation of experience or of fiction with which we are dealing [...]* (3.419)

L'indication des relations de proximité ont lieu à travers la catégorie de signe nommée "index" qui indique directement dans quel contexte un énoncé doit être compris; et par contexte on entend ici ce qui correspond à un monde modal. L'énoncé peut être compris comme signifiant une possibilité, une réalité ou une règle générale. Gesticulation et mimique y sont pour indiquer la façon dont l'énoncé doit être interprété. L'énonciation se déplace entre deux pôles. L'un est complètement général et n'indique pas quels sujets spécifiques doivent être choisis dans l'interprétation comme par exemple dans l'ironie (et la logique). L'autre est totalement spécifique et ne permet aucune sélection interprétante, comme par exemple la dispute et la confession.

Quand nous transmettons un signe, nous promettons quelque chose dans le futur, mais quoi? quand? dans quelles circonstances? et à qui? est un cas compliqué avec une détermination locale.

Le personnage ironique promet tout à tous comme un Don Juan qui, sans exception, suit la justice générale des signes, alors que le personnage colérique attend tout de l'autre comme le croyant de son dieu.

ANNE MARIE DINESEN
Université d'Aarhus

I. Linguistique, pragmatique

[E. BENVENISTE, *Problèmes de linguistique générale*, t. I, chap. XXI, « De la subjectivité dans le langage », Paris, Gallimard, 1966:]

... L'énonciation *je jure* est l'acte même qui m'engage, non la description de l'acte que j'accomplis. En disant *je promets*, *je garantis*, je promets et je garantis effectivement. Les conséquences (sociales, juridiques, etc.) de mon jurement, de ma promesse, se déroulent à partir de l'instance de discours contenant *je jure*, *je promets*. L'énonciation s'identifie avec l'acte même. Mais cette condition n'est pas donnée dans le sens du verbe ; c'est la « subjectivité » du discours qui la rend possible... (p. 265).

... À côté des actes d'autorité publiant des décisions qui ont force de loi, il y a ainsi les énoncés d'engagement relatifs à la personne du locuteur : *je jure...*, *je promets...*, *je fais vœu...*, *je m'engage à...* ; ou aussi bien : *j'abjure...*, *je répudie...*, *je renonce...*, *j'abandonne...*, avec une variante de réciprocité : *nous convenons...* ; *entre X. et Y. il est convenu que...* ; *les parties contractantes conviennent...* (p. 272).

[John R. SEARLE, *Les actes de langage*, Essai de philosophie du langage, trad. fr. Hélène Pauchard, Paris, Hermann, 1972, p. 105:]

Les règles sémantiques gouvernant l'emploi d'un marqueur de force illocutionnaire quelconque *Pr* pour la promesse sont :

Règle 1. Pr s'emploie uniquement dans le contexte d'une phrase (ou d'un segment de discours plus vaste) *T*, dont l'énoncé permet de prédiquer un acte futur *C* à propos d'un locuteur *L*. J'appelle cette règle : *règle de contenu propositionnel*. Cette règle dérive des conditions de contenu propositionnel 2 et 3.

Règle 2. Pr s'emploie uniquement si l'auditeur *A* préfère l'accomplissement de *C* par *L* à son non-accomplissement, et si *L* pense que c'est le cas.

Règle 3. Pr s'emploie uniquement s'il n'est évident ni pour *L*, ni pour *A*, que *L* serait conduit de toute façon à effectuer *C*. J'appelle les règles 2 et 3 : *règles préliminaires*, qui dérivent des conditions préliminaires 4 et 5.

Règle 4. Pr s'emploie uniquement si *L* a l'intention d'effectuer *C*. J'appelle ceci : la *règle de sincérité*, qui dérive de la condition de sincérité 6.

Règle 5. Employer *Pr* revient à contracter l'obligation d'effectuer *C*. C'est ce que j'appelle : *règle essentielle*.

Ces règles sont ordonnées : les règles 2-5 ne s'appliquent que si la règle 1 a pu jouer, de même la règle 5 ne s'applique que si les règles 2 et 3 ont pu jouer.

[O. DUCROT, *Dire et ne pas dire*, Paris, Hermann, 1972, p. 78-80 :]

... Une promesse ne peut, selon nous, être décrite que comme un acte illocutoire, dans la mesure où elle crée une obligation pour son auteur, et que cette obligation découle directement de la parole prononcée, et non d'un effet préalable. On dira qu'une expression de la langue (phrase, construction, morphème, éventuellement intonation) a *valeur illocutoire*, lorsque son utilisation entraîne régulièrement l'accomplissement d'un acte illocutoire d'un type bien défini. Il en est ainsi [...] des phrases performatives, du mode « impératif », des différents tours marquant l'interrogation, de l'intonation spéciale qui transforme en promesse un énoncé à l'indicatif (il faudrait mettre dans la même catégorie le mode « indicatif », si on peut dire qu'il marque l'affirmation et que celle-ci constitue, comme le veut Austin, un acte illocutoire). La transformation juridique qui définit l'acte illocutoire doit être [...] un effet premier, non dérivable, de l'énonciation. Il faut donc que la valeur illocutoire de l'expression (c'est-à-dire le type d'acte illocutoire dont elle permet l'accomplissement) ne puisse pas se dériver d'une « signification » de l'énoncé, signification qui pourrait être formulée indépendamment de cette valeur. C'est pourquoi nous avons insisté sur l'idée qu'il n'y a pas un « sens » de l'énoncé interrogatif, impératif ou promissif qui permettrait d'expliquer que, lorsqu'on l'emploie, on interroge, on ordonne ou on promet: au contraire toute description sémantique d'un tel énoncé doit comporter, comme partie intégrante, l'indication de l'acte juridique accompli en l'employant.

[Résumé de C. KERBRAT-ORECCHIONI, *L'énonciation. De la subjectivité dans le langage*, Paris, Armand Colin, 1980, p. 219:]

... Ducrot concentre [...] sa réflexion sur les valeur illocutoires qui « idéalement » s'inscrivent dans un énoncé donné, c'est-à-dire que son projet descriptif repose sur l'hypothèse, difficilement contestable, que certains énoncés *se présentent* intrinsèquement, de par l'existence de certaines règles régissant le « discours idéal », comme des ordres, des promesses, des assertions argumentativement orientées, et que ces *prétentions* illocutoires de l'énoncé créent nécessairement pour le destinataire des droits et des devoirs virtuels – devoirs auxquels il peut d'ailleurs se dérober, et droits dont il n'est pas véritablement tenu de tirer parti...

[Retenons la conclusion de C. KERBRAT-ORECCHIONI, *ibid.*, p. 226:]

Du point de vue de leur fonctionnement énonciatif et idéologique, les énoncées sont des poupées-gigognes dont l'exploration jamais ne s'achève, et qui de ce fait exercent sur la linguistique contemporaine une sorte de fascination perverse: la fascination de l'abîme.

II. Locutions

Français: *promettre*; allemand: *versprechen*; anglais: *to promise*; danois: *at love*.
Français: *tenir, honorer sa promesse*; allemand: *sein Versprechen halten*; anglais: *to keep* (or *fulfil*) *one's promise*; danois: *at*

holde sit løfte; espagnol : *cumplir una promesa, faltar a una promesa* (« honorer », « faire défaut à »).

Expressions et proverbes

En français :
> Un « *tiens* » *vaut mieux que deux* « *tu l'auras* ».
> *Il ne faut pas vendre la peau de l'ours avant de l'avoir tué.*
> *Promis-juré.*

En espagnol :
> *Quien promete, en deudas se mete* (« Qui promet se met en dette »).

En danois :
> *En fugl i hånden et bedre end ti på taget* (« Un seul oiseau dans la main vaut mieux que dix sur le toit »).

Dictionnaire

Hâbleur : Personne qui a l'habitude de parler beaucoup en exagérant, en promettant, en se vantant *(petit Robert).*

III. Florilège

[ANCIEN TESTAMENT, Le Livre de poche, traduction œcuménique:]

Genèse, 18

Dieu annonce que Sara aura un fils...

Le SEIGNEUR reprit: « Je dois revenir au temps du renouveau et voici que Sara ta femme aura un fils. » Or Sara écoutait à l'entrée de la tente, derrière lui.

Abraham et Sara étaient vieux, avancés en âge, et Sara avait cessé d'avoir ce qu'ont les femmes. Sara se mit à rire en elle-même et dit: « Toute usée comme je suis, pourrais-je encore jouir? Et mon maître est si vieux ! » Le SEIGNEUR dit à Abraham : « Pourquoi ce rire de

Sara ? Et cette question : Pourrais-je vraiment enfanter, moi qui suis si vieille ? Y a-t-il une chose trop prodigieuse pour le Seigneur ? À la date où je reviendrai vers toi, au temps du renouveau, Sara aura un fils. » Sara nia en disant : « Je n'ai pas ri », car elle avait peur. « Si ! reprit-il, tu as bel et bien ri. »

Genèse, 21

Naissance d'Isaac

Le Seigneur intervint en faveur de Sara comme il l'avait dit, il agit envers elle selon sa parole. Elle devint enceinte et donna un fils à Abraham en sa vieillesse à la date que Dieu lui avait dite ; Abraham appela Isaac le fils qui lui était né, celui que Sara lui avait enfanté. Il circoncit son fils Isaac à l'âge de huit jours comme Dieu le lui avait prescrit. Abraham avait cent ans quand lui naquit son fils Isaac. Sara s'écria :

« Dieu m'a donné sujet de rire ! Quiconque l'apprendra rira à mon sujet. »

Elle reprit : Qui aurait dit à Abraham que Sara allaiterait des fils ? Et j'ai donné un fils à sa vieillesse ! »

Exode, 6

Dieu promet à Moïse de délivrer Israël

Dieu adressa la parole à Moïse. Il lui dit :

« C'est moi le Seigneur. Je suis apparu à Abraham, à Isaac, et à Jacob comme Dieu Puissant, mais sous mon nom, le Seigneur, je ne me suis pas fait connaître d'eux. Puis j'ai établi mon alliance avec eux, pour leur donner le pays de Canaan, pays de leurs migrations, où ils étaient des émigrés. Enfin, j'ai entendu la plainte des fils d'Israël, asservis par les Égyptiens, et je me suis souvenu de mon alliance.

C'est pourquoi, dis aux fils d'Israël :

C'est moi le Seigneur.

Je vous ferai sortir des corvées d'Égypte,

je vous délivrerai de leur servitude,

je vous revendiquerai avec puissance et autorité,

je vous prendrai comme mon peuple à moi, et pour vous, je serai Dieu.

Vous connaîtrez que c'est moi, le SEIGNEUR, qui suis votre Dieu : celui qui vous fait sortir des corvées d'Égypte.

Je vous ferai entrer dans le pays que, la main levée, j'ai donné à Abraham, à Isaac et à Jacob.

Je vous le donnerai en possession.

C'est moi le SEIGNEUR.

Moïse parla ainsi aux fils d'Israël, mais ils n'écoutèrent pas Moïse, tant leur dure servitude les décourageait.

~

[OVIDE, *L'Art d'aimer* :]

LES PROMESSES

Et promets hardiment : ce sont les promesses qui entraînent les femmes ; prends tous les dieux à témoin de tes engagements. Jupiter, du haut des cieux, voit en riant les parjures des amants et ordonne aux autans, sujets d'Éole, de les emporter et de les annuler. Par le Styx [même], Jupiter avait coutume de faire de faux serments à Junon : lui-même favorise aujourd'hui ceux qui suivent son exemple. Il est utile que des dieux existent, et, comme c'est utile, croyons qu'ils existent ; portons l'encens et le vin sur leurs antiques foyers. Et ils ne sont pas plongés dans un repos sans préoccupations et semblable au sommeil : menez une vie pure ; la divinité vous voit. Rendez le dépôt qui vous est confié ; suivez les lois que vous dicte la piété ; tenez-vous loin du mal ; gardez vos mains pures de sang. Ne vous jouez, si vous êtes sage, que des femmes. Vous le pouvez impunément. Dans ce seul cas, le mal n'est pas plus honteux que la bonne foi. Trompe celles qui te trompent. Dans la plupart des cas, c'est une race sans scrupules ; elles ont tendu des pièges ; qu'elles y tombent !

L'Égypte, dit-on, fut privée des pluies qui fertilisent ses campagnes et éprouva une sécheresse de neuf années. Thrasius vient trouver Busiris et lui dit qu'il pouvait apaiser Jupiter en versant [sur ses autels] le sang d'un étranger. « Eh bien, lui répond Busiris, c'est toi tout le premier qui seras la victime offerte à Jupiter, et c'est toi l'étranger qui donneras de l'eau à l'Égypte. » Phalaris aussi fit brûler dans le taureau [d'airain] les membres du cruel Perillus ; le malheureux inventeur arrosa son œuvre de son sang. Double exemple de justice ! Rien de plus juste de faire périr par leur propre invention ceux qui ont inventé un moyen d'envoyer à la mort. Donc, si c'est à bon droit que les parjures sont punis par le parjure, que la femme abusée regrette d'avoir donné l'exemple !

~

[MALHERBE, 1600:]

DESSEIN DE QUITTER UNE DAME

QUI NE LE CONTENTAIT
QUE DE PROMESSE

Beauté, mon beau souci, de qui l'âme incertaine
A comme l'Océan son flux et son reflux :
Pensez de vous résoudre à soulager ma peine,
Ou je me vais résoudre à ne la souffrir plus.

Vos yeux ont des appas que j'aime et que je prise,
Et qui peuvent beaucoup dessus ma liberté :
Mais pour me retenir, s'ils font cas de ma prise,
Il leur faut de l'amour autant que de beauté.

Quand je pense être au point que cela s'accomplisse,
Quelque excuse toujours en empêche l'effet :
C'est la toile sans fin de la femme d'Ulysse,
Dont l'ouvrage du soir au matin se défait.

Madame, avisez-y, vous perdez votre gloire
De me l'avoir promis et vous rire de moi,
S'il ne vous en souvient vous manquez de mémoire,
Et s'il vous en souvient vous n'avez point de foi.

J'avais toujours fait compte, aimant chose si haute,
De ne m'en séparer qu'avecque le trépas,
S'il arrive autrement ce sera votre faute,
De faire des serments et ne les tenir pas.

~

144

[RACINE, *Andromaque*, acte IV, scène 5:]

PYRRHUS

J'épouse une Troyenne. Oui, Madame, et j'avoue
Que je vous ai promis la foi que je lui voue.
Un autre vous dirait que dans les champs troyens
Nos deux pères sans nous formèrent ces liens,
Et que, sans consulter ni mon choix ni le vôtre,
Nous fûmes sans amour engagés l'un à l'autre ;
Mais c'est assez pour moi que je me sois soumis.
Par mes ambassadeurs mon cœur vous fut promis ;
Loin de les révoquer, je voulus y souscrire.
Je vous vis avec eux arriver en Épire ;
Et quoique d'un autre œil l'éclat victorieux
Eût déjà prévenu le pouvoir de vos yeux,
Je ne m'arrêtai point à cette ardeur nouvelle :
Je voulus m'obstiner à vous être fidèle,
Je vous reçus en reine ; et jusques à ce jour
J'ai cru que mes serments me tiendraient lieu d'amour.
Mais cet amour l'emporte ; et par un coup funeste
Andromaque m'arrache un cœur qu'elle déteste.
L'un par l'autre entraînés, nous courons à l'autel
Nous jurer malgré nous un amour immortel.
. . . .
Donnez-moi tous les noms destinés aux parjures :
Je crains votre silence et non pas vos injures ;
Et mon cœur, soulevant mille secrets témoins,
M'en dira d'autant plus que vous m'en direz moins.

HERMIONE

Seigneur, dans cet aveu dépouillé d'artifice,
J'aime à voir que du moins vous vous rendiez justice,
Et que, voulant bien rompre un nœud si solennel,
Vous vous abandonniez au crime en criminel.
Est-il juste, après tout, qu'un conquérant s'abaisse

Sous la servile loi de garder sa promesse ?
Non, non, la perfidie a de quoi vous tenter ;
Et vous ne me cherchez que pour vous en vanter...

~

[MARIVAUX, *La Dispute*, scène XV:]

. . . .

CARISE : Tenez, votre dégoût pour Azor ne vient pas de tout ce que vous dites là, mais de ce que vous aimez mieux à présent son camarade que lui.

ÉGLÉ : Croyez-vous ? Vous pourriez bien avoir raison.

CARISE : Eh ! dites-moi, ne rougissez-vous pas un peu de votre inconstance ?

ÉGLÉ : Il me paraît que oui ; mon accident me fait honte ; j'ai encore cette ignorance-là.

CARISE : Ce n'en est pas une ; vous aviez tant promis de l'aimer constamment !

ÉGLÉ : Attendez, quand je l'ai promis, il n'y avait que lui ; il fallait donc qu'il restât seul ; le camarade n'était pas de mon compte.

CARISE : Avouez que ces raisons-là ne sont point bonnes ; vous les aviez tantôt réfutées d'avance.

ÉGLÉ : Il est vrai que je ne les estime pas beaucoup ; il y en a pourtant une excellente, c'est que le camarade vaut mieux qu'Azor.

CARISE : Vous vous méprenez encore là-dessus ; ce n'est pas qu'il vaille mieux, c'est qu'il a l'avantage d'être nouveau venu.

ÉGLÉ : Mais cet avantage-là est considérable ; n'est-ce rien que d'être un autre ? Cela est fort joli, au moins ; ce sont des perfections qu'Azor n'a pas.

CARISE : Ajoutez que ce nouveau venu vous aimera.

ÉGLÉ : Justement, il m'aimera, je l'espère ; il a encore cette qualité-là.

CARISE : Au lieu qu'Azor n'en est pas à vous aimer.

ÉGLÉ : Eh ! non ; car il m'aime déjà.

CARISE : Quels étranges motifs de changement ! Je gagerais bien que vous n'en êtes pas contente.

ÉGLÉ: Je ne suis contente de rien: d'un côté, le changement me fait peine, de l'autre il me fait plaisir; je ne puis pas plus empêcher l'un que l'autre; ils sont tous deux de conséquence; auquel des deux suis-je le plus obligée? Faut-il me faire de la peine? Faut-il me faire du plaisir? Je vous défie de le dire...

~

[APOLLINAIRE, *Alcools:*]

LES FIANÇAILLES

À *Picasso.*

Le printemps laisse errer les fiancés parjures
Et laisse feuilloler longtemps les plumes bleues
Que secoue le cyprès où niche l'oiseau bleu.

Une Madone à l'aube a pris les églantines
Elle viendra demain cueillir les giroflées
Pour mettre aux nids des colombes qu'elle destine
Au Pigeon qui ce soir semblait le Paraclet

Au petit bois de citronniers s'énamourèrent
D'amour que nous aimons les dernières venues
Les villages lointains sont comme leurs paupières
Et parmi les citrons leurs cœurs sont suspendus

[Ministre danois, avril 1990, cité par *Information* pour cet accès d'agacement:]

« Ce qui est intolérable, c'est qu'il semble impossible de dire le moindre mot sur l'avenir, sans que tout le monde se mette à croire que j'ai fait une promesse! »

~